Mitos africanos y dioses egipcios

Una guía fascinante sobre la mitología africana y los dioses del antiguo Egipto

© Copyright 2020

Todos los derechos reservados. Ninguna parte de este libro puede ser reproducida de ninguna forma sin el permiso escrito del autor. Los revisores pueden citar breves pasajes en las reseñas.

Descargo de responsabilidad: Ninguna parte de esta publicación puede ser reproducida o transmitida de ninguna forma o por ningún medio, mecánico o electrónico, incluyendo fotocopias o grabaciones, o por ningún sistema de almacenamiento y recuperación de información, o transmitida por correo electrónico sin permiso escrito del editor.

Si bien se ha hecho todo lo posible por verificar la información proporcionada en esta publicación, ni el autor ni el editor asumen responsabilidad alguna por los errores, omisiones o interpretaciones contrarias al tema aquí tratado.

Este libro es solo para fines de entretenimiento. Las opiniones expresadas son únicamente las del autor y no deben tomarse como instrucciones u órdenes de expertos. El lector es responsable de sus propias acciones.

La adhesión a todas las leyes y regulaciones aplicables, incluyendo las leyes internacionales, federales, estatales y locales que rigen la concesión de licencias profesionales, las prácticas comerciales, la publicidad y todos los demás aspectos de la realización de negocios en los EE. UU., Canadá, Reino Unido o cualquier otra jurisdicción es responsabilidad exclusiva del comprador o del lector.

Ni el autor ni el editor asumen responsabilidad alguna en nombre del comprador o lector de estos materiales. Cualquier desaire percibido de cualquier individuo u organización es puramente involuntario.

Free Bonus from Captivating History (Available for a Limited time)

Hi History Lovers!

Now you have a chance to join our exclusive history list so you can get your first history ebook for free as well as discounts and a potential to get more history books for free! Simply visit the link below to join.

Captivatinghistory.com/ebook

Also, make sure to follow us on Facebook, Twitter and Youtube by searching for Captivating History.

Prima Parte: Mitología africana

Mitos fascinantes sobre dioses, diosas y criaturas legendarias de África

Tabla de contenidos

PRIMA PARTE: MITOLOGÍA AFRICANA 1
    INTRODUCCIÓN 4
    PARTE I: LOS ANIMALES EMBAUCADORES 7
    PARTE II: CUENTOS DE HÉROES 36
    PARTE III: CUENTOS CON MORALEJA 62
    PARTE IV: LA INFLUENCIA DEL ISLAM 75
SEGUNDA PARTE: DIOSES EGIPCIOS 102
    INTRODUCCIÓN 103
    CRONOLOGÍA DEL ANTIGUO EGIPTO 107
    AMÓN (AMMÓN, HÁMMŌN) 110
    ANUBIS (ANPU, INPW) 117
    ATÓN (ATEN, ATONU) 123
    ATUM (TUM, TEM, ATEM, TEMU) 132
    BASTET (BAST, BOUBASTIS, PASHT) 134
    EL LIBRO DE LOS MUERTOS Y OTROS TEXTOS FUNERARIOS 138
    LOS CUATRO HIJOS DE HORUS 143
    GEB (SEB, KEB, KEBB, GEBB) 145
    HAPI (2; TAMBIÉN HAPY) 147
    HATHOR 150
    HORUS (HOR, HER, HERU, HAR) 154
    IMHOTEP (IMUTES) 158
    ISIS 162
    KHNUM (CHNUM) 172

JONSU (KHONSU, KHONS, CHONS) 175
MAAT (MA'AT, MA'ET, MAYET) 178
NEFERTUM (NEFERTEM) 180
NEIT (NEITH) 181
NEFTIS (NEBT-HET) 183
NUN (NOUN, NU) 185
EL OGDÓADA DE HERMÓPOLIS 187
OSIRIS 189
PTAH 196
RA (RE, PRE) 198
SERAPIS (SARAPIS, USERHAPI) 201
SET (SETH, SUTEKH) 204
SOBEK (SUCHOS) 207
THOTH 209
EL DUAT (TUAT) 213
VEA MÁS LIBROS ESCRITOS POR MATT CLAYTON 222
FREE BONUS FROM CAPTIVATING HISTORY (AVAILABLE FOR A LIMITED TIME) 223
BIBLIOGRAFÍA **224**

Introducción

El continente africano alberga cincuenta y cuatro países que juntos dan cobijo a más de tres mil culturas, cada una con sus propias formas de vida y relatos. Algunos de estos relatos tienen su origen en las creencias populares de las personas nativas de su región, mientras que otros llegaron de distintas culturas que se establecieron en África o fueron influenciadas por ellas.

Un gran número de cuentos populares africanos se han transmitido de forma oral de persona a persona a lo largo de los tiempos, pero desde el siglo XIX, muchas historias se han escrito y transmitido al público más allá de los límites de las culturas que las crearon. Un importante y, a su vez, trágico factor que contribuyó a la divulgación de estos relatos más allá de las costas africanas fue el tráfico de esclavos por parte de los europeos. Los africanos capturados que se traían a América y al Caribe luchaban por mantener con vida lo que podían de sus culturas de origen y esto incluía sus tradiciones de cuentos populares.

Los cuentos populares africanos vienen en muchos tipos diferentes. Algunos son mitos que explican el origen de las cosas, mientras que otros son cuentos de héroes con poderes sobrenaturales. Las historias de animales son muchas y variadas, y suelen involucrar a algún tipo de embaucador que usa sus artimañas para salir de situaciones difíciles y, a veces, entrar en ellas. También existen cuentos con moraleja que explican por qué es importante comportarse bien y tratar a los demás con respeto, mientras que otros cuentos tienen un estilo y forma similares a los de los cuentos de hadas.

Esta colección presenta diez historias y cada una de ellas proviene de una cultura diferente. Como tal, este libro no es más que una pequeña muestra de la variedad de las historias que cuentan los pueblos africanos y no pretende ser de ninguna manera representativo.

La primera sección del libro trata de las hazañas que realizan los animales embaucadores. Kwaku Anansi, la araña (Ghana); Nwampfundla, la liebre (Mozambique); y la temible rana (Angola) trabajan para sí mismos o para alguien más, tratando de obtener algo de valor de un ser poderoso mientras intentan (y a veces fallan) evitar las consecuencias para sí mismos y para los demás.

Los cuentos de héroes cubren la segunda sección del libro. Los dos primeros cuentos —de Angola y Sudáfrica, respectivamente— tratan de protagonistas masculinos que, a la manera típica de los héroes, tienen nacimientos y habilidades sobrenaturales, que salen en busca de aventuras y luchan contra unos seres monstruosos que tratan de destruirlos. La historia final —también de Sudáfrica— se aparta del tropo de héroe sobrenatural y presenta, en cambio, la historia de una niña excepcionalmente observadora y sabia que es capaz de salvarse a sí misma y salvar a su hermana de un grupo de hombres asesinos.

Las historias de Kenya y Nigeria presentan lecciones morales que hay que aprender. Estos cuentos con moraleja proporcionan lecciones sobre cómo tratar a los demás con respeto y sobre los peligros de la codicia.

Las dos últimas historias muestran la influencia del islam y de la cultura árabe en los pueblos africanos. El primero de estos relatos es de Eritrea e incluye el personaje Abu Nuwas, un importante poeta árabe cuyo personaje ficticio se convirtió en el héroe de muchos cuentos populares. El segundo es un cuento de hadas de Libia, que muestra la influencia de la narración árabe en la forma en la que se asemeja a muchos de los cuentos de la colección de *Las mil y una noches*.

El *folclore africano* como término genérico es realmente bastante inadecuado para describir los relatos que cuentan los pueblos africanos. Cada uno de los relatos de este libro —y los miles de otros creados y contados por las innumerables culturas africanas— está influenciado por las tradiciones y religiones practicadas por sus creadores y por los entornos en los que estos creadores vivieron. Estos relatos también representan tradiciones vivas de la narración, tradiciones que han sobrevivido a la rapacidad colonialista y a las vicisitudes de la sociedad moderna, y que todavía tienen cosas nuevas que contarnos cada vez que los escuchamos.

Parte I: Los animales embaucadores

Cómo la araña compró las historias del Dios del Cielo (Ashanti, Ghana)

Kwaku Anansi, la araña, es el principal embaucador del folclore de África Occidental. Las historias sobre Anansi se originaron en Ghana, pero cuando se llevó a los nativos de Ghana al extranjero como esclavos, las historias se fueron con ellos y entraron en el folclore de sus descendientes en los Estados Unidos y el Caribe. La historia sobre Anansi que se relata a continuación tiene dos características particularmente interesantes. Una es el concepto de la propiedad de las historias, que es común en muchas sociedades tradicionales. En esas sociedades, si se desea contar una historia que pertenece a otra persona, primero hay que obtener permiso para hacerlo. En este caso, todas las historias pertenecían originalmente a Nyankonpon, al Dios del Cielo, que pide un precio elevado y prácticamente imposible por ellas, pero una vez que Anansi paga el precio impuesto, las historias se convierten en suyas.

La otra característica es el papel que desempeña la esposa de Anansi, Aso. La mayoría de los animales embaucadores de otras culturas tienden a trabajar solos: por ejemplo, el coyote en la tradición indígena norteamericana, o Nwampfundla, la liebre, en las historias del pueblo Ronga, una de las cuales se cuenta a continuación. En la historia de cómo Anansi compró todas las historias del Dios del Cielo, Anansi confía en el buen consejo de su esposa para ayudarle a hacer los trucos necesarios para conseguir los artículos demandados por Nyankonpon y así hacer que el éxito de ese proyecto se deba a un esfuerzo de equipo.

Hubo un tiempo en el que todas las historias le pertenecían a Nyankonpon, el Dios del Cielo. Kwaku Anansi, la araña, pensó para sí mismo: «No es justo que el Dios del Cielo tenga todas las historias. Quiero ver si puedo obtenerlas de él».

Anansi subió al cielo, se presentó ante Nyankonpon y dijo:

—Quiero comprar todas tus historias. ¿Cuánto tendré que pagar para que me las vendas?

Nyankonpon se rio y dijo:

—Anansi, eres solo una pequeña criatura. Muchos grandes hombres han tratado de comprar mis historias. Ciudades enteras de gente han tratado de comprar mis historias. Nadie lo ha conseguido nunca. ¿Qué te hace pensar que podrás pagar mi precio?

—Creo que sí seré capaz de pagarlo —dijo Anansi—. Solo dime qué es lo que quieres.

—Muy bien —dijo Nyankonpon—. Si quieres comprar mis historias, debes traerme a Onini, la pitón; a Osebo, el leopardo; a Mmoatia, el hada; y a Mmoboro, los avispones. Tráeme todas estas criaturas y te entregaré mis historias.

Anansi fue a casa y le contó a su esposa, Aso, que había hecho un trato con el Dios del Cielo para comprar todas sus historias.

—Primero debo llevarle a Onini, la pitón —dijo Anansi—. ¿Tienes algún consejo sobre cómo debería capturarla?

—Sí, claro —dijo Aso—. Esto es lo que deberías hacer: toma la rama de una palmera, alguna enredadera de cuerda y llévalos al río.

—¡Ah! Ya sé lo que hay que hacer —dijo Anansi—, y entonces salió y tomó una larga rama de palmera y una enredadera de cuerda.

Mientras caminaba hacia el río, fingía estar conversando con su esposa:

—No, no es tan larga como esta rama de palmera —dijo Anansi con su propia voz.

—No es así —dijo Anansi con la voz de Aso—. Ella es mucho más larga que eso.

—Estás mintiendo —dijo Anansi con su propia voz—. Es imposible que sea tan larga.

Mientras Anansi se iba acercando al río, Onini, la pitón, escuchó la conversación. Se deslizó hacia Anansi y le preguntó:

—¿Por qué están discutiendo?

—Mi esposa y yo discutimos sobre si eres más larga que esta rama de palmera. Ella cree que eres más larga, pero yo creo que se equivoca.

Onini dijo:

—Trae la rama aquí para que podamos comprobarlo y ver quién tiene la razón.

Anansi colocó la rama sobre el suelo y Onini se estiró a su lado. En un abrir y cerrar de ojos, Anansi tomó la enredadera y ató a Onini a la rama de la palmera.

—¡Te pillé! —dijo Anansi—. Ahora te llevaré al Dios del Cielo y él tendrá que venderme todas sus historias.

Anansi llevó la pitón al cielo y se la mostró a Nyankonpon.

—Aquí está Onini, la pitón, la primera parte de mi pago.

Nyankonpon miró a la pitón, que estaba atada a la rama de la palmera. Alargó la mano para tocar la pitón y dijo:

—Acepto esto como la primera parte de tu pago. Tráeme el resto y te entregaré mis historias.

Anansi fue a casa y le contó a Aso cómo había capturado la pitón.

—Creo que ahora capturaré los avispones —dijo Anansi—. ¿Tienes alguna idea de cómo podría hacerlo?

—Sí, claro —dijo Aso—. Esto es lo que deberías hacer: encontrar una calabaza y una hoja de plátano. Llena la calabaza con agua y podrás usar esas cosas para capturar los avispones.

—¡Ah! Ya sé lo que hay que hacer —dijo Anansi, entonces salió y encontró una calabaza y una hoja de plátano. Llenó la calabaza con agua y luego fue a buscar los avispones. Pronto se encontró con un enjambre de avispones. Tomó la hoja de plátano, se cubrió la cabeza con ella y luego salpicó los avispones con el agua de la calabaza.

—¡Vaya por Dios, está lloviendo! —dijo Anansi a los avispones—. ¿Quieren un lugar donde refugiarse de la lluvia, avispones? Tengo esta bonita hoja de plátano y veo que no tienen ningún refugio. Vengan y siéntense dentro de mi calabaza hasta que pare de llover.

—¡Gracias! —dijeron los avispones y todos volaron hacia la calabaza. Tan pronto como el último entró, Anansi tapó la apertura de la calabaza.

—¡Les pillé! —dijo—. Ahora les llevaré al Dios del Cielo y él tendrá que venderme todas sus historias.

Anansi llevó los abejones al cielo y se los mostró a Nyankonpon.

—Aquí están Mmoboro, los avispones, la segunda parte de mi pago.

Nyankonpon miró la calabaza y vio que estaba llena de avispones. Alargó la mano, tocó la calabaza y dijo:

—Acepto esto como la segunda parte de tu pago. Tráeme el resto y te entregaré mis historias.

Anansi fue a casa y le contó a su esposa cómo le había ido con los avispones.

—Ahora tengo que capturar al leopardo Osebo —dijo Anansi—. Me das tan buenos consejos; ¿qué debo hacer para capturar a Osebo?

—Ve y cava un hoyo profundo —dijo Aso.

—¡Sí! Eso es —dijo Anansi—. Ya sé qué es lo que tengo que hacer ahora.

Anansi salió y buscó las huellas del leopardo. Cuando encontró un lugar que creía que el leopardo podía visitar, cavó un profundo hoyo y lo cubrió con hojas de plátano. Luego volvió a casa.

Por la mañana, Anansi volvió al agujero. Miró por encima del borde del agujero y vio al leopardo allí.

—¡Ayúdenme! —rugió el leopardo—. ¡Ayúdenme! He caído en este hoyo y ya no puedo salir.

—¡Oh, pobrecito! —dijo Anansi—. Eso debe ser terrible.

—De verdad que lo es —dijo el leopardo—. Por favor, ¿me ayudas a salir?

—Podría hacerlo —dijo Anansi—, pero seguro que me comerás en cuanto te saque de aquí.

—¡No, no! —dijo el leopardo—. ¡No te comeré, te lo prometo! Solo ayúdame a salir de aquí y yo seguiré mi propio camino y tú el tuyo.

—Muy bien, te ayudaré —dijo Anansi.

Anansi tomó dos palos largos y una enredadera de cuerda.

—Aquí, pon tus patas sobre estos palos, dos delante y dos detrás —dijo Anansi—. Usaré estos palos para levantarte.

Cuando el leopardo colocó sus patas sobre los palos, Anansi las ató fuertemente con la enredadera.

—¡Te pillé! —dijo Anansi—. Ahora te llevaré al Dios del Cielo y él tendrá que venderme todas sus historias.

Anansi llevó el leopardo al cielo y se lo mostró a Nyankonpon.

—Aquí está Osebo, el leopardo, la tercera parte de mi pago.

Nyankonpon miró al leopardo, que estaba atado por sus patas a los palos. Alargó la mano, tocó al leopardo y dijo:

—Acepto esto como la tercera parte de tu pago. Tráeme el resto y te entregaré mis historias.

Anansi fue a su casa y le contó a su esposa cómo le habían ido las cosas con el leopardo.

—Solo queda un pago —dijo Anansi—, y ya sé cómo lo conseguiré. Por favor, Aso, ¿me preparas un puré de ñame?

—Sí, por supuesto que sí —dijo Aso y se fue a cocinar los ñames.

Mientras Aso estaba ocupada con la preparación de los ñames, Anansi tomó un poco de madera y talló un *akua*, un muñeco de madera con una cara plana. Lo hizo para que la cabeza se moviera al tirar de una cuerda. Entonces Anansi fue a un árbol y recogió una gran cantidad de savia pegajosa, con la que untó todo el cuerpo del muñeco.

—Esposa, ¿están listos los ñames? —preguntó Anansi, cuando el muñeco quedó terminado.

—Sí, lo están —dijo Aso—. Ven a recogerlos.

Anansi tomó los ñames que Aso había preparado y puso algunos de ellos en las manos del muñeco. Después colocó al muñeco en un árbol donde sabía que vivían las hadas. Anansi se escondió en un arbusto cercano y con una mano tenía agarrada la cuerda que estaba conectada a la cabeza del muñeco. Por supuesto, un hada se acercó y vio al muñeco con las manos llenas de deliciosos ñames.

—Akua, ¿puedo compartir los ñames contigo? —dijo el hada.

Anansi tiró de la cuerda y el muñeco asintió con la cabeza.

—¡Gracias! —dijo el hada. El hada extendió su mano derecha para tomar los ñames, pero su mano se quedó pegada a la savia del muñeco. Luego extendió su mano izquierda e intentó quitar la derecha, pero su mano izquierda también se quedó pegada. El hada empujó al muñeco con su pie derecho, pero esto no sirvió para nada. El pie izquierdo también se quedó pegado en cuanto intentó usarlo para quitar el pie derecho.

Cuando el hada se quedó completamente pegada a la muñeca, Anansi salió de detrás del árbol y ató al hada.

—¡Te pillé! —dijo Anansi—. Ahora te llevaré al Dios del Cielo y él tendrá que venderme todas sus historias.

Anansi llevó al hada al cielo y se lo mostró a Nyankonpon.

—Aquí está Mmoatia, el hada, la cuarta y última parte de mi pago.

Nyankonpon miró al hada, que estaba pegada al muñeco. Alargó la mano para tocar el hada y dijo:

—Acepto esto como la cuarta y última parte de tu pago. Has hecho lo que muchos grandiosos hombres han fallado en hacer. Has hecho lo que ciudades enteras han fallado en hacer. Has pagado mi precio exigido y ahora mis historias son tuyas. De ahora en adelante, cada vez que alguien cuente una historia, debe decir: «Esta es la historia de Anansi».

Y es por eso que todas las historias son historias de Anansi y le pertenecen a la araña.

Nwampfundla y el elefante (Ronga, Mozambique)

Esta historia sobre Nwampfundla, la liebre, se remonta a un conjunto recopilado a principios del siglo XX por el reverendo Herbert L. Bishop, miembro de la Asociación Sudafricana para el Avance de la Ciencia. Bishop registró estas historias tal y como le fueron contadas por Samuel Mabika, a quien Bishop describe como «un gran guerrero *[en su juventud y]* un hombre de considerable importancia en su tribu».

Nwampfundla usa sus artimañas para conseguir cosas que de otra manera están prohibidas y para engañar a criaturas que son más poderosas que él. Sin embargo, no sale completamente impune; Nwampfundla tiene que pagar un precio por sus artimañas. En sus notas de las historias que recopiló, Bishop afirma que la palabra nwa *se utiliza como equivalente a* señor. *El nombre* Nwampfundla *por lo tanto significa literalmente* el señor liebre.

Como todo el mundo sabe, el león es el rey de todos los animales. Cada animal de la selva lo reconoce como su rey. Incluso el elefante sabe que el león es el líder, a pesar de que el elefante es mucho más grande. Cada vez que el león pasa por delante, todos los animales dicen:

—¡Viva el rey!

Y como todo buen líder, el león también tiene muchos sirvientes y consejeros que le ayudan. Uno de estos sirvientes era Nwampfundla, la liebre. Dondequiera que el león iba, Nwampfundla iba con él. Lo que el león le dijera a Nwampfundla que hiciera, la liebre lo hacía.

Un día, el león dijo:

—Creo que deberíamos ir a otro lugar. Vengan conmigo.

Y así todos los animales que eran sirvientes del líder se prepararon para salir. Recogieron todas sus pertenencias y cosas que necesitarían para el viaje. Entonces, el león dijo:

—Vamos.

Y todos los animales fueron con él. Los animales iban caminando detrás del león. Era una gran procesión, porque el león tenía muchos, muchos sirvientes. Caminaron y caminaron hasta que llegaron a un lugar que tenía un árbol lleno de deliciosas frutas. Como el día casi había terminado, algunos de los animales fueron al león y le dijeron:

—Rey, deberíamos parar aquí. Hay un árbol lleno de frutas deliciosas. Este sería un buen lugar para parar y pasar la noche.

El león miró al árbol y dijo:

—Sí, estoy de acuerdo. Este es un buen lugar para detenerse y pasar la noche. Pero la fruta del árbol es solo para mí. Nadie más debe comerla. El resto de ustedes pueden buscar otras cosas para comer, pero esta fruta es para mí.

Los animales dejaron las cosas que habían estado llevando. Extendieron sus mantas para dormir y se prepararon para pasar la noche. Pero Nwampfundla fue a los consejeros principales del león y les dijo:

—Me gustaría hablar con ustedes sobre algo.

—Sí, te escuchamos, Nwampfundla —dijeron los consejeros.

—Bueno —dijo Nwampfundla—, me preocupa este árbol frutal, el que tiene la fruta que nuestro líder dijo que no debíamos tocar.

—¿Y qué pasa con él?

—Bueno, no quiero meterme en problemas por eso —dijo la liebre—. Si alguien va y roba toda la fruta mientras los demás dormimos, seguramente me acusarán a mí. Todo el mundo dirá: «Ese Nwampfundla, cree que puede salirse con la suya, incluso robar toda la fruta del león».

—¿Por qué alguien diría eso? —preguntaron los consejeros.

—No lo sé, pero tengo un presentimiento de que podrían hacerlo —dijo la liebre—. Pero sé cómo podemos evitar a que se me eche la culpa. ¿Recuerdan el gran mortero que trajimos para triturar el maíz? Me tumbaré aquí y pueden poner el mortero boca abajo encima de mí. De esa manera, si la fruta se pierde, todos sabrán que alguien más lo hizo porque yo habré estado encerrado en el mortero toda la noche.

Los consejeros se rieron, pero aceptaron encerrar a Nwampfundla en el mortero. La liebre se tumbó en el suelo y los consejeros colocaron el mortero al revés encima de él. Pronto, el campamento se tranquilizó y todos los animales se durmieron.

Una vez que la liebre se aseguró de que todos los demás estaban durmiendo, levantó con cautela el borde del mortero y se asomó. Miró hacia un lado y hacia otro, y en todas partes vio solo a animales dormidos. Cuando observó que todos estaban dormidos, se arrastró fuera del mortero en silencio. Se dirigió hacia donde había una cesta. Se detuvo para escuchar y asegurarse de que nadie lo había oído o visto. Cuando le pareció seguro, tomó la cesta y se detuvo de nuevo para escuchar. Pero ninguno de los otros animales se movió porque estaban saciados de la fruta de los otros árboles que les estaba permitido comer.

Nwampfundla se acercó al árbol especial del león. Comenzó a trepar mientras sujetaba la cesta. Subió un poco y luego se detuvo a escuchar. Después siguió un poco más y se detuvo a escuchar. De esta manera, subió por todo el tronco y se metió entre las ramas donde estaba la fruta. Cuando llegó a la fruta, empezó a comerla y cada vez que se terminaba una de las frutas, ponía el hueso en su cesta.

Después de haber comido hasta hartarse de la fruta, la liebre bajó tranquilamente del árbol. Luego fue a donde el elefante estaba durmiendo y colgó la canasta llena de huesos de fruta detrás de la oreja del elefante. A continuación, volvió a meterse debajo del mortero y se durmió.

Por la mañana, los animales se despertaron y se estiraron bajo el sol. Hablaban entre ellos mientras empacaban sus cosas y se preparaban para continuar su viaje. Escucharon un ruido de arañazos desde el interior del mortero volcado y la voz de la liebre que venía con debilidad desde su interior, que decía:

—¡Por favor, déjenme salir! ¡El sol ya ha salido y quiero ver la luz!

—Claro —dijo uno de los consejeros—. Casi se me olvida que pusimos la liebre allí anoche.

El consejero se acercó y dejó salir a Nwampfundla de debajo del mortero. Después de bostezar y estirarse a la luz del sol, Nwampfundla se acercó al león.

—¡Buenos días, rey! —dijo. Luego miró al árbol frutal y exclamó—: ¡Mire eso! Le dije que era verdad. Le dije que alguien se comería toda la fruta que usted dijo que era suya. Por eso hice que sus consejeros me pusieran bajo ese gran mortero durante la noche. No quería que me acusaran.

El león miró al árbol y vio que toda su fruta estaba comida.

—¿Quién hizo esto? —rugió—. ¿Quién me desobedeció y se comió toda mi fruta?

Todos los animales temblaron de miedo.

—Vengan aquí y pónganse de pie ante mí —dijo el león—. Díganme quién hizo esto.

Todos los animales se presentaron ante el león, pero nadie pudo decirle quién se había comido la fruta. Entonces la liebre se le acercó al león.

—Si le complace, rey —dijo—, propongo una prueba para ver cuál de nosotros robó la fruta. ¿Puedo contarle en qué consiste la prueba?

—Sí —dijo el león—. Dímelo.

—Muy bien —dijo la liebre—, pero primero debe decirles a los animales que tienen que ayudarme.

—Todos ustedes escucharon lo que dijo la liebre —dijo el león—, y esa es mi orden, deben ayudarle. Ahora, liebre, cuéntanos tu plan.

—Bueno, primero cavaremos un hoyo grande y extenso—dijo la liebre—, y luego todos tendrán que saltar sobre él. De esa manera, descubriremos quién se llevó la fruta.

Todos los animales ayudaron a cavar el hoyo y cuando estuvo listo, Nwampfundla les mostró dónde debían saltar. El león dijo:

—Soy el líder, por lo tanto, seré el primero en saltar.

El león saltó sobre el hoyo. No sucedió nada.

Entonces, la liebre saltó y no sucedió nada.

Entonces, el leopardo saltó y no sucedió nada. Uno por uno, todos los animales saltaron sobre el hoyo, pero aún no habían descubierto quién había robado la fruta del león.

Finalmente, llegó el turno del elefante y él fue el último en saltar. Saltó sobre el hoyo y cuando aterrizó en el otro lado, la cesta de frutas cayó desde detrás de su oreja. Todos los huesos de la fruta cayeron de la cesta y se esparcieron por el suelo.

Nwampfundla dijo:

—¡Miren! ¡Hemos atrapado al ladrón! ¿Lo ven? Tenía una cesta llena de huesos de fruta. El elefante fue el que se comió toda esa fruta.

—¿Cómo pude haberme comido toda esa fruta? —dijo el elefante—. Mírenme. No puedo subirme a los árboles. Yo no me he comido esa fruta.

Los animales no le creyeron al elefante. Entonces Nwampfundla dijo:

—Debería darte vergüenza, por haber robado la fruta del rey.

—Matemos al elefante —dijo el león.

Los otros animales se abalanzaron sobre el elefante y lo mataron. El rey le dio a Nwampfundla un gran trozo de carne del elefante y le dijo a la liebre que lo llevara. Y así, todos los animales reanudaron el viaje con su rey y Nwampfundla se balanceaba detrás de ellos con un gran trozo de carne de elefante.

Ahora bien, la liebre era un animal muy pequeño y el trozo de carne del elefante que llevaba era muy grande, por lo que pronto la liebre se cansó. Empezó a ir por detrás de los otros animales.

Nwampfundla también estaba muy triste porque el elefante murió asesinado a pesar de no haber hecho nada malo.

Nwampfundla caminó detrás de los otros animales, mientras lloraba, sentía lástima de sí mismo y decía:

—El elefante no comió ninguna de las frutas del león, pero lo mataron de todos modos.

Los animales que caminaban delante de la liebre le oyeron llorar. Lo escucharon hablando consigo mismo, pero no pudieron entender lo que decía. De repente, el león se detuvo. Se dio la vuelta y vio a Nwampfundla detrás de todos los demás animales. El león llamó a la liebre y le dijo:

—Nwampfundla, ven aquí y camina a mi lado. Te estás quedando muy atrás.

—Mi rey —dijo la liebre—, quiero hacer lo que me ordena, pero debo llevar este pesado trozo de carne. Soy muy pequeño y el trozo de carne es muy grande. No puedo caminar lo suficientemente rápido como para estar a su lado y llevar este trozo de carne al mismo tiempo.

El león dividió el trozo de carne en dos partes. Le dijo a uno de los animales más grandes que llevara el trozo grande y le dio el más pequeño a Nwampfundla. Entonces el león y su compañía reanudaron su viaje.

No pasó mucho tiempo antes de que Nwampfundla volviera a arrastrarse detrás de todos los demás animales, llorando y hablando consigo mismo:

—Es tan triste que hayan matado al elefante. Él no hizo nada malo. No comió nada de la fruta. Fui yo el que se la comió, pero fue él el que pagó por ello.

De nuevo, el león se volvió y vio a Nwampfundla que se arrastraba por el camino, mientras lloraba y hablaba consigo mismo. Entonces, el león dijo:

—Nwampfundla, ¿por qué andas arrastrándote tan lejos, por detrás de todo el mundo? Debes venir y caminar más cerca de mí.

Nwampfundla respondió:

—Mi rey, quiero cumplir sus órdenes, pero este trozo de carne es demasiado pesado para mí, ya que solo soy un animal muy pequeño.

El león tomó el trozo de carne de la liebre y se lo dio a otro animal para que lo llevara. Luego le dio sus azagayas y su lote de jabalinas a Nwampfundla y le dijo:

—Toma, debes llevar mis azagayas. No son demasiado pesadas. También tienes que caminar delante de mí.

Nwampfundla tomó las azagayas y se puso a caminar delante del león. Mientras caminaba, empezó a cantar la canción que se había inventado sobre el elefante:

Al elefante lo mataron,

Aunque no tuviera culpa.

Al elefante lo cortaron,

Sin ninguna disculpa.

Su vida le arrancaron,

Yo le tendí la trampa,

Y me comí toda la fruta.

Esta vez el león escuchó lo que la liebre estaba diciendo.

—¿Qué es eso que estás cantando? ¿Fuiste realmente tú quien se comió toda la fruta de mi árbol especial?

—Sí, fui yo quien se comió la fruta, mi rey, pero el elefante pagó el precio por ella y lo lamento mucho.

Entonces el león se enfadó mucho.

—¡Así que fuiste tú! —exclamó el león, se volvió hacia los otros animales y rugió—: ¡Atrapen a ese ladrón!

Nwampfundla corrió tan rápido como sus patas pudieron llevarlo, mientras todos los demás animales lo perseguían. Pero, no importaba cuán rápido corrieran los otros animales, ninguno de ellos podía atrapar a Nwampfundla. Pronto la liebre notó un agujero en el suelo, así que se metió en él. Los animales lo vieron entrar. Volvieron al león y le dijeron:

—Ese granuja bajó por este agujero. ¿Qué haremos con él ahora?

—Encuentren una manera de sacarlo —dijo el león.

Los animales fueron al bosque y encontraron un buen palo largo. Cortaron el palo para tener un gancho en un extremo y después lo llevaron de vuelta al agujero. Pusieron el palo en el agujero y comenzaron a pescar con él. El anzuelo atrapó a Nwampfundla por la pierna, pero la liebre solo se rió y dijo:

—¡Anda que son ustedes inteligentes, al meter un palo en el agujero y pillar solo la raíz! ¡Así nunca me atraparán!

Los animales sacaron el palo del agujero y lo volvieron a meter, pero esta vez el palo se enganchó alrededor de una raíz. Cuando Nwampfundla vio que el palo estaba enganchado a una raíz, empezó a llorar y a gritar:

—¡Oh, no! ¡Me han enganchado por la pierna! ¿Qué voy a hacer ahora?

Todos los animales pensaron que habían atrapado a Nwampfundla. Tiraron del palo una y otra vez, pero este no se movió. El león vino también para ayudar y tiraron de nuevo. Todos tiraron tan fuerte como pudieron hasta que finalmente la raíz se rompió y todos los animales cayeron de espaldas unos sobre otros.

El león estaba furioso.

—¡Sinvergüenza! ¡Granuja! ¡Cuando te atrape, te despellejaré y te cortaré en pedazos para mi cena!

Entonces el león se volvió hacia los otros animales y les dijo que lo intentaran de nuevo. Los animales pusieron el palo en el agujero y el gancho se enganchó en la pata de la liebre. Pero cuando la liebre se rio, los animales dijeron:

—Habremos pillado otra raíz. Seguramente la liebre no se reiría si lo hubiéramos enganchado.

Los animales sacaron el palo del agujero y lo volvieron a meter. Esta vez engancharon otra raíz y Nwampfundla empezó a llorar y a pedir misericordia.

—¡Ajá! —dijeron los animales—. Esta vez sí que lo tenemos. Tiraron de la raíz una y otra vez hasta que se rompió y todos los animales cayeron de espaldas unos sobre otros.

El león estaba aún más enfadado que antes porque la liebre les había engañado una vez más. Gritó todas las cosas terribles que quería hacer, después de atrapar a la liebre. Su ira era tan grande que todos los animales le temieron mucho. Pero Nwampfundla estaba sentado en su agujero y mientras escuchaba la furia del león, se reía y decía:

—Sí, sigue hablando de lo que me harás, pero primero tienes que atraparme. Y no puedes hacerlo, porque yo, Nwampfundla la liebre, soy el mejor de todos los animales.

Finalmente, el león y los otros animales se cansaron de escuchar a la liebre reírse de ellos.

—Bien —dijo el león—. Si se cree tan bueno por haber bajado a ese agujero, puede quedarse allí para siempre. Encuentren hierba y tapen este extremo del agujero. Háganlo de manera que no pueda salir. Eso le enseñará a que no se puede burlar de mí.

Los animales hicieron lo que el león les pidió. Tomaron una gran cantidad de hierba y la metieron en el agujero. Metieron la hierba muy comprimida, para que la liebre no pudiera salir. Entonces el león y los otros animales reanudaron su viaje.

Cuando los animales se habían ido, Nwampfundla fue a la hierba y trató de apartarla para poder salir. Empujó una y otra vez, pero no importaba lo que hiciera, la hierba seguía pegada. Los animales la habían compactado con tanta fuerza que no había forma de que la liebre pudiera quitarla. Estaba atrapado en ese agujero para siempre.

Nwampfundla se sentó dentro del agujero y sintió mucha lástima por él mismo. Después de un rato, empezó a sentir hambre. Cada vez tenía más hambre, hasta que al final se comió una de sus orejas. Esto lo satisfizo por un tiempo, pero después de un tiempo, volvió a tener hambre. Trató de ignorar el hambre, pero al final fue demasiada, así que se comió una de sus propias patas.

Transcurrió más tiempo y pronto Nwampfundla sintió sed. Intentó y trató de no pensar en ello, pero finalmente se sacó un ojo y se lo comió, con la idea de saciar su sed con las lágrimas que había dentro.

Después de que Nwampfundla se comiera su oreja, su pierna y su ojo, vino una gran tormenta con mucho viento. El viento sopló tan fuerte que sacó la hierba que tapaba el agujero. Cuando la tormenta pasó, Nwampfundla se dio cuenta de que podía ver la apertura del agujero. Se arrastró con mucho cuidado hasta la entrada y miró a su alrededor. No había nadie a la vista, así que se arrastró fuera del agujero.

En un árbol cercano, había una colmena. Nwampfundla tomó un poco de cera y la usó para hacerse dos pequeños cuernos. Se puso los cuernos en la cabeza y se fue cojeando a la casa del león.

El rey vio a la liebre entrar en el kraal, el pueblo cercado donde el león vivía con sus sirvientes y sus consejeros. El león preguntó a los otros animales quién era este extraño.

—Ese debe ser Nwampfundla, la liebre —dijeron los animales—, el que le dio tantos problemas.

—Tonterías —dijo la liebre—. ¿Acaso este Nwampfundla tenía solo una oreja? ¿O solo tres patas? ¿O solo un ojo? ¿O Llevaba cuernos en la cabeza?

Todos los animales tuvieron que admitir que Nwampfundla no tenía esas cosas.

—Por supuesto que no las tenía —dijo la liebre—. ¿Cómo podría tenerlas? Yo soy una liebre especial de una sociedad especial de liebres. Todos nosotros tenemos una oreja, un ojo, tres patas y cuernos en la cabeza, y somos muy pocos. Es un privilegio que me hayan visto, porque puedo correr más rápido con tres patas que cualquier otro animal con cuatro, y veo más lejos y oigo mejor que los animales con dos ojos y dos orejas. Soy el mejor sirviente que cualquier líder pueda desear.

Al león le gustó mucho lo que dijo la liebre.

—Si realmente puedes hacer todas esas cosas —dijo el león—, entonces, por favor, quédate y sé mi sirviente. Un líder necesita sirvientes que puedan hacer cosas tan maravillosas como tú.

Y así fue como Nwampfundla se convirtió de nuevo en el sirviente del león.

La hija del Sol y la Luna *(Ambundu, Angola)*

Na Kimanaueze es un importante héroe cultural del pueblo ambundu de Angola. Él es el protagonista de un ciclo de historias de héroes y un personaje en las historias de héroes sobre su hijo y su nieto. Las historias se transmitieron originalmente de forma oral, pero se registraron por primera vez por escrito por antropólogos europeos en el siglo XIX.

En esta historia, el joven Kimanaueze quiere casarse con la hija del Sol y la Luna y —aunque es el personaje principal y la persona alrededor de la cual gira la historia— él mismo no se encarga de conseguir la mano de la joven en matrimonio. Esa tarea recae en el embaucador rana, que encuentra la manera de ir y venir entre el cielo y la tierra para convencer al Sol y a la Luna de que su hija debe ser la novia del joven Kimanaueze. Vemos en esta historia algunos aspectos importantes de la cultura Ambundu en torno al cortejo y al matrimonio. El joven Kimanaueze debe demostrar que es digno de casarse con la joven al pagar un precio apropiado por la novia y, con cada entrega que la rana lleva al cielo, la familia de la joven proporciona una buena comida a su invitado, sin darse cuenta de que se trata de la rana y no de un pretendiente.

El gran héroe y líder Na Kimanaueze tuvo un hijo llamado Kimanaueze kia Tumb' a Ndala. Cuando el hijo de Na Kimanaueze creció, su padre se acercó a él y le dijo:

—Es hora de que encontremos una esposa para ti. Hay muchas chicas hermosas en nuestro pueblo. Elige una, e iremos a su familia y le preguntaremos si puedes casarte con ella.

Pero el hijo de Na Kimanaueze dijo:

—No me casaré con ninguna de las chicas de nuestro pueblo.

—Muy bien —dijo Na Kimanaueze—. Tal vez podamos ir al pueblo de al lado y encontrar una esposa para ti allí.

—No, eso tampoco servirá —dijo el hijo de Na Kimanaueze.

—¿Deseas buscar una esposa entre la gente de otro país? —dijo Na Kimanaueze.

—No —dijo el hijo de Na Kimanaueze—. No quiero una esposa de otro país.

—¿Con quién te vas a casar entonces? —preguntó Na Kimanaueze.

—Me casaré con la hija del Sol y la Luna —dijo el hijo de Na Kimanaueze.

Na Kimanaueze no sabía qué decir al principio.

—Tienes grandes ambiciones, hijo mío, pero no estoy seguro de que sean realistas. ¿Cómo crees que serás capaz de ganarte a esa chica como esposa?

—No lo sé —dijo el hijo de Na Kimanaueze—, pero estoy seguro de que encontraré una solución de alguna manera.

Na Kimanaueze no sabía qué podía hacer para persuadir a su hijo de que abandonara esta idea tan absurda, así que lo dejó, pues pensaba que una vez que fracasara, entraría en razón y se casaría con una buena chica de su propio pueblo.

El hijo de Na Kimanaueze, por su parte, no dejó de pensar en cómo pedir la mano de la hija del Sol y la Luna. Decidió que lo mejor sería escribir una carta a los padres de ella para pedir que la dejaran ser su esposa. Pensó muy cuidadosamente en qué decir y entonces escribió una respetuosa carta al Sol y a la Luna y la selló.

—Ahora tengo que hacer que la carta llegue al cielo —dijo el hijo de Na Kimanaueze y salió de la aldea para ver si podía encontrar a alguien que actuara como su mensajero. El hijo de Na Kimanaueze se encontró con un ciervo.

—Hola, ciervo —dijo el hijo de Na Kimanaueze—. ¿Puedes llevarle un mensaje al Sol y a la Luna de mi parte, por favor?

—¡Ay, no! —dijo el ciervo—. No puedo hacer eso en absoluto.

Entonces el hijo de Na Kimanaueze fue a la antílope y le dijo:

—Hola, antílope. ¿Puedes llevarle un mensaje al Sol y a la Luna de mi parte, por favor?

—No —dijo la antílope—. Ni siquiera sé cómo hacerlo.

El hijo de Na Kimanaueze continuó su viaje hasta que se encontró con un halcón.

—Hola, halcón —dijo el hijo de Na Kimanaueze—. ¿Puedes llevarle un mensaje al Sol y a la Luna de mi parte, por favor?

—Puedo volar muy alto y muy bien —dijo el halcón—, pero no creo que pueda llegar lo suficientemente lejos como para entregar el mensaje.

A continuación, el hijo de Na Kimanaueze habló con el buitre, pero este le dio la misma respuesta que todos los demás animales.

—No puedo hacer eso —dijo el buitre—. Lo intenté una vez, pero no pude volar lo suficientemente alto.

El hijo de Na Kimanaueze estaba muy desanimado. Había preguntado a todos los animales que conocía si podían ser su mensajero y todos le dijeron que no. El hijo de Na Kimanaueze se sentó a la orilla del río a descansar. Estaba muy triste y desesperado porque su carta fuera entregada.

La rana vio al hijo de Na Kimanaueze sentado allí, fue a verlo y le dijo:

—¿Por qué estás tan triste?

—Estoy triste porque quiero casarme con la hija del Sol y la Luna, pero no tengo forma de entregarles mi carta para pedir su mano. Le pedí al ciervo, al antílope, al halcón y al buitre que me ayudaran, y a muchos otros animales, pero todos dijeron que no.

—Entiendo —dijo Rana—. Tranquilo, creo que yo puedo ayudarte.

El hijo de Na Kimanaueze se mofó:

—El halcón y el buitre dijeron que no podían hacerlo, y vuelan en el cielo todo el día. ¿Cómo puede una rana esperar llegar al cielo y llevarles mi carta al Sol y a la Luna?

—Es cierto que no puedo volar —dijo la rana—, pero sé dónde van los sirvientes del Sol y de la Luna a buscar agua. No soy un animal volador, pero soy un animal de agua, y si me confías tu carta, me encargaré de que sea entregada, por mi honor.

El hijo de Na Kimanaueze le entregó la carta a la rana.

—Muy bien, confiaré en ti. Pero si resulta que me has estado mintiendo, las cosas irán muy mal para ti.

—Lo entiendo —dijo la rana y se alejó a saltos con la carta del hijo de Na Kimanaueze en la boca.

La rana llegó saltando al pozo donde los sirvientes del Sol y de la Luna venían a sacar agua. Se aseguró de que nadie la viera y entonces se metió en el agua. Encontró un buen lugar para esconderse y se puso a esperar. Poco después, los sirvientes llegaron al pozo y comenzaron a meter sus jarras para sacar agua. La rana esperó hasta el momento justo, entonces saltó a una de las jarras antes de que nadie pudiera verla.

Cuando los sirvientes llenaron todas sus jarras, volvieron a subir al cielo a través de las telarañas que la araña había tejido para ellos y colocaron las jarras en su lugar. La rana esperó hasta que el sonido de los pasos y las voces se desvanecieran, y entonces salió arrastrándose de la jarra. Observó la habitación y notó que había una mesa en el centro. Saltó sobre la mesa, dejó la carta allí, luego saltó y encontró un lugar para esconderse y esperar.

La rana no tuvo que esperar mucho tiempo. El Sol entró en la habitación, con la idea de beber un poco de agua, y vio la carta con su nombre y el de su esposa en el sobre. Le pareció muy extraño que una carta para él estuviera en la habitación donde se guardaba el agua. El Sol llamó a todos los sirvientes. Les mostró la carta y les preguntó:

—¿De dónde ha salido esta carta?

Pero ninguno de los sirvientes lo sabía.

El Sol abrió la carta y la leyó. La carta decía:

Yo, Kimanaueze kia Tumb' a Ndala, hijo del jefe Na Kimanaueze, pido respetuosamente la mano de la hija del Sol y la Luna en matrimonio.

El Sol estaba muy sorprendido. ¿Por qué un hombre mortal querría casarse con su hija, y más importante aún, ¿cómo se las arregló un hombre mortal para entregar la carta al cielo sin que el Sol lo supiera? Entonces el Sol salió de la habitación, sin decir nada a nadie sobre lo que había en la carta.

Cuando la rana vio que era seguro, saltó de nuevo a una de las jarras. Cuando llegó el momento de rellenar las jarras, los sirvientes bajaron por la telaraña y llevaron todas las jarras al pozo, incluida la jarra donde se encontraba la rana. Los sirvientes bajaron las jarras al agua y la rana salió sin que nadie la viera.

La rana fue entonces al hijo de Na Kimanaueze y le dijo:

—¡Lo hice! Lo entregué tu mensaje al Sol. Lo ha leído, pero no sé cuál será su respuesta.

—¡Estás mintiendo! —dijo el hijo de Na Kimanaueze—. Esto no es verdad. Escondiste esa carta en algún lugar y ahora pretendes que la subiste al cielo. Las cosas te irán muy mal ahora.

—¡Espera! —dijo Rana—. Por favor, confía en mí. Espera un poco para ver si el Sol te responde.

Pasaron seis días sin que el Sol y la Luna respondieran. El hijo de Na Kimanaueze escribió otra carta que decía:

Yo, Kimanaueze kia Tumb' a Ndala, el hijo del líder Kimanaueze, le escribí para pedirle la mano de su hija en matrimonio. Ya han pasado seis días y no he recibido ni un sí ni un no de su parte.

El hijo de Na Kimanaueze le dio la carta a la rana y le dijo:

—Lleva esta nueva carta al cielo y procura volver con una respuesta esta vez.

La rana tomó la carta en su boca y saltó al pozo. Se escondió en el pozo y cuando los sirvientes del Sol y la Luna vinieron a buscar agua, la rana saltó a una de las jarras. Esperó a que los sirvientes volvieran al cielo en la tela de araña y colocaran la jarra en su sitio. En cuanto los sirvientes salieron de la sala, la rana salió de la jarra y colocó la carta sobre la mesa. Una vez hecho esto, fue a su escondite.

Una vez más, el Sol entró en la sala para tomar un trago y otra vez vio una carta sobre la mesa. El Sol preguntó a los sirvientes:

—¿Alguien les ha estado dando cartas para que me las traigan? Pero los sirvientes dijeron que no.

El Sol entonces escribió una respuesta al hijo de Na Kimanaueze. La respuesta decía:

Te doy mi consentimiento para que te cases con mi hija bajo una condición: debes venir al cielo en persona con tu primer regalo de bodas. Deseo conocerte y saber con qué clase de hombre se casará mi hija.

El Sol dejó la carta sobre la mesa y salió de la sala.

Cuando la rana pensó que era seguro, salió de su escondite y saltó sobre la mesa. Recogió la carta del Sol y se escondió en una de las jarras de agua. Por la mañana, los sirvientes tomaron las jarras para rellenarlas en el pozo y la rana saltó, en cuanto su jarra se bajó al agua. Entonces, fue en busca del hijo de Na Kimanaueze para llevarle la respuesta del Sol.

La rana fue a la casa del hijo de Na Kimanaueze con la carta y llamó a la puerta. Desde adentro, el hijo de Na Kimanaueze dijo:

—¿Quién es?

—Es la rana. Traigo la respuesta del sol.

El hijo de Na Kimanaueze abrió la puerta y vio a la rana sentada frente a la puerta, con una carta en la boca. El hijo de Na Kimanaueze tomó la carta y la rana se alejó para hacer sus cosas.

El hijo de Na Kimanaueze leyó la carta. Fue a su baúl y sacó cuarenta piezas de oro. Puso el oro en una bolsa y escribió otra carta al Sol. La carta decía:

Aquí hay cuarenta monedas de oro como el primer regalo. Las he traído como me pidió. Espero oír lo que usted consideraría un precio justo para la novia.

Por la mañana, el hijo de Na Kimanaueze fue al río. Allí encontró a la rana y le dijo:

—Por favor, lleva esta bolsa de dinero y esta carta al cielo.

La rana se marchó con el dinero y la carta. Fue al pozo y esperó a que los sirvientes la llevaran al cielo en una de las jarras. Cuando la sala de agua estaba vacía, la rana dejó el dinero y la carta sobre la mesa, entonces se escondió y esperó.

El sol entró en la sala y vio la bolsa y la carta sobre la mesa. Abrió la bolsa y leyó la carta. Sonrió y luego fue a mostrarle a su esposa, la Luna, lo que el hijo de Na Kimanaueze había enviado.

—¿Lo ves, esposa mía? Este pretendiente nos envía un primer regalo muy bueno y, además, es el hijo de un líder. Creo que será un buen marido para nuestra hija.

—Sí, es verdad —dijo la Luna—. Creo que deberíamos dejar que se case con ella. Además, también deberíamos prepararle algo de comer mientras que se queda aquí.

La Luna llamó a los sirvientes y les dijo:

—Asen una gallina y preparen otras cosas buenas para comer. Después dejen la bandeja sobre la mesa en la sala de agua. Cuando los sirvientes habían preparado la comida, la pusieron sobre la mesa y se fueron. La rana salió de su escondite, se comió la comida y volvió a esconderse una vez más. Después de un tiempo, el Sol volvió a la sala y vio que la comida había sido comida. Entonces, escribió otra carta y la dejó sobre la mesa. La carta decía:

Has traído un buen primer regalo. Mi esposa y yo estamos complacidos. El precio de tu novia será una gran bolsa de monedas de oro.

La rana recogió la carta una vez que estuvo a salvo y se metió de nuevo en una de las jarras. Cuando volvió a la tierra, fue a ver al hijo de Na Kimanaueze, le dio la respuesta del Sol y volvió a ocuparse de sus propios asuntos en el río.

El hijo de Na Kimanaueze leyó la carta y se alegró mucho de ver la respuesta del Sol. Recogió las monedas y las metió en un gran saco. Luego escribió una carta que decía:

Aquí está el precio de la novia que solicitaron. Pronto les volveré a escribir para fijar el día en que su hija se convierta en mi esposa.

Por la mañana, el hijo de Na Kimanaueze le dio la carta y la bolsa de oro a la rana para que la llevara al cielo. La rana se metió en una de las jarras, esperó hasta que la sala de agua estuviera vacía y dejó el oro y la carta sobre la mesa. Se escondió para esperar y poco después el Sol y la Luna vinieron a ver lo que el pretendiente de su hija les había dejado. Vieron la gran bolsa de oro, leyeron la carta del hijo de Na Kimanaueze y se alegraron mucho. La Luna llamó a sus sirvientes y les dijo:

—Asen un cerdo joven para nuestro nuevo yerno y colóquenlo aquí sobre la mesa.

Los sirvientes mataron y asaron al cerdo. Lo colocaron encima de una bandeja, lo dejaron en el cuarto de agua y después se fueron. La rana saltó sobre la mesa y se comió todo el cerdo. Luego se metió en una de las jarras y esperó a que la llevaran a la tierra, donde se metió en el pozo y esperó a que los sirvientes se fueran.

La rana brincó hasta la casa del hijo de Na Kimanaueze. Llamó a la puerta y cuando el hijo de Na Kimanaueze la abrió, la rana dijo:

—Han aceptado tu precio de la novia. Ahora tienes que fijar la fecha para la boda.

Ahora el hijo de Na Kimanaueze tenía un nuevo problema. No podía enviar a la rana al cielo para que bajara a su futura esposa; seguramente la rana era demasiado pequeña para semejante tarea. ¿Pero cómo podía traer a la hija del Sol y la Luna a la tierra? El hijo de Na Kimanaueze fue y les preguntó a todos los animales grandes que pensó que podrían subir al cielo y traer a su novia de vuelta, pero todos los animales dijeron que no podrían hacerlo. El hijo de Na Kimanaueze regresó a la orilla del río para sentarse a pensar.

La rana lo vio allí y le preguntó:

—¿Qué es lo que te preocupa?

—No puedo encontrar a nadie que baje a mi futura esposa del cielo.

—Déjame a mí hacerlo —dijo la rana.

—Rana, esa es una oferta muy generosa —dijo el hijo de Na Kimanaueze—, pero seguramente eres una criatura demasiado pequeña para tal labor. Además, no creo que deba pedirte que hagas nada más por mí; ya me has ayudado tanto, que no me atrevo a pedirte nada más.

—No temas —dijo la rana—. Soy una criatura muy pequeña, pero también muy lista y traeré a tu futura esposa a la tierra.

—Gracias —dijo el hijo de Na Kimanaueze—. Esperaré tan pacientemente como pueda a que vuelvas con ella.

La rana fue al pozo a esperar a los sirvientes del cielo. Cuando llegó al cielo, fue a su escondite favorito y esperó a que cayera la noche. Después de muchas horas, el Sol se fue a dormir, y todo estaba oscuro y tranquilo. La rana salió de su escondite y saltó al dormitorio de la hija del Sol y la Luna. Saltó a la cama de la joven y le sacó los ojos. Envolvió los ojos en un paño limpio y volvió a su escondite para dormir hasta la mañana.

Llegó la mañana. El Sol se levantó y los sirvientes comenzaron a ocuparse de las labores de la casa. Pero había algo que andaba mal; la hija del Sol y la Luna solía levantarse cuando su padre lo hacía, pero aquella mañana no se encontraba en ningún sitio. Enviaron a una sirvienta para ver si estaba bien. La sirvienta la encontró todavía en su cama, la hija del Sol y la Luna estaba llorando.

—¿Por qué no te levantas? —preguntó la sirvienta.

—No me levanto porque me pasa algo en los ojos —dijo la joven—. No veo nada.

La sirvienta le contó al Sol y a la Luna lo que le pasaba a su hija. Entonces, ellos fueron a su habitación y preguntaron:

—¿Qué te pasa, hija?

—Algo le pasa a mis ojos. No puedo ver nada en absoluto —dijo.

El Sol llamó a los mensajeros. Cuando llegaron, el Sol dijo:

—Bajen a la tierra. Encuentren al doctor brujo Ngombo. Vean si puede decirnos qué le pasa a nuestra hija.

Los mensajeros fueron a la casa de Ngombo. Cuando llegaron, dijeron:

—Estamos aquí para pedirle consejo.

Ngombo entró en su casa y volvió con las cosas que necesitaba para averiguar lo que había que hacer y por qué los mensajeros estaban allí. Ngombo se sentó en el suelo y esparció sus objetos de adivinación. Los miró de cerca y dijo:

—Han venido a preguntarme sobre alguien que tiene una enfermedad en los ojos. Esta persona es una mujer. Además, les enviaron aquí a mí; no vinieron porque quisieran. ¿He dicho la verdad?

—Sí —dijeron los mensajeros. Todo lo que ha dicho es verdad.

Luego Ngombo esparció sus objetos de adivinación de nuevo. Los miró de cerca y dijo:

—La mujer que tiene la enfermedad en los ojos está prometida, pero la boda aún no ha tenido lugar. Su futuro marido dice: «Yo soy el que ha dejado a la mujer ciega. Envíenmela a mí. Si no lo hacen, ella morirá». Deben llevar a la mujer con su esposo tan pronto como sea posible. Ya he dicho mi opinión. Deben hacer lo que les digo.

Los mensajeros regresaron al cielo y le dijeron al Sol todo lo que Ngombo había dicho.

—Muy bien —dijo el Sol. La bajaremos mañana.

Por la mañana, la rana volvió a la Tierra en una de las jarras de agua. Fue a la casa del hijo de Na Kimanaueze y le dijo:

—Te casarás con tu prometida hoy mismo.

—Creo que estás mintiendo, rana ingeniosa —dijo el hijo de Na Kimanaueze—. Yo no la veo aquí.

—Estará aquí al atardecer —dijo la rana—. Solo tienes que esperar.

Mientras la rana regresaba a la tierra en una jarra, el Sol fue a la araña y le dijo:

—Necesito enviar mi hija a su marido hoy. ¿Puedes tejer una red lo suficientemente fuerte para bajarla con seguridad?

—Por supuesto —dijo la araña—. La tejeré antes de que acabe el día.

La araña se puso a tejer una gran telaraña. Hiló una y otra vez su seda. Le tomó casi todo el día, pero finalmente estaba lista.

Hacia el final del día, la rana volvió al pozo a esperar. Cuando el Sol comenzó a ponerse, los sirvientes del Sol bajaron a su hija a la tierra en la telaraña especial que la araña había tejido para ella. La llevaron al pozo donde obtenían su agua y después volvieron al cielo.

Cuando la rana vio que la joven se encontraba de pie junto al pozo, le dijo:

—¡No tengas miedo! Estoy aquí para llevarte con tu marido y para curarte los ojos.

La rana le devolvió los ojos a la joven y la llevó a la casa del hijo de Na Kimanaueze. Llamó a la puerta y cuando el hijo de Na Kimanaueze respondió, la rana dijo:

—Aquí está tu esposa, la hija del Sol y la Luna.

Los dos jóvenes se miraron y se alegraron mucho. Pronto se celebró la boda, en un ambiente de una gran alegría. Después de la boda, el hijo de Na Kimanaueze y la hija del Sol y la Luna vivieron una larga y feliz vida juntos.

Parte II: Cuentos de héroes

Los hermanos gemelos *(provincia de Cabinda, Angola)*

Cabinda es una provincia de Angola que se encuentra fuera de las fronteras de ese país. Cabinda limita en cambio con la República Democrática del Congo al sur y al este y con la República del Congo al norte.

La historia de los hermanos gemelos que se cuenta aquí es típica de los cuentos de héroes. Tenemos a dos hermanos, Mavungu y Lembe, que muestran un desarrollo excepcional y tienen poderes extraordinarios. Estos poderes se encuentran en un encanto con el que nace cada niño y que les permite hacer todo tipo de magia.

La historia que se relata a continuación sigue una línea común: un hermano se dirige a buscar su fortuna y, cuando no regresa, el otro sale a buscarlo. La búsqueda es exitosa, pero a diferencia de muchas otras historias de este tipo, no termina bien; esta historia concluye con un giro violento.

Una vez hubo una mujer que estaba embarazada. Cuando llegó el momento de dar a luz, el parto fue muy largo y muy difícil, pero al final dio a luz a dos niños gemelos. La mujer llamó a los niños Mavungu y Lembe. Mavungu fue el primero en nacer y Lembe le siguió.

Ahora bien, estos muchachos no eran niños comunes y corrientes. Cada uno de ellos nació con un valioso encanto y ya estaban casi completamente crecidos al nacer. Y así fue como Mavungu decidió al poco tiempo de nacer que emprendería sus viajes.

En ese momento, la hija de Nzambi, del creador de todas las cosas, tenía edad para casarse. El leopardo fue a Nzambi y le dijo:

—Me gustaría tener la mano de su hija en matrimonio.

Nzambi respondió:

—Tendrás que pedirle su consentimiento primero. A ella le corresponde decidir a quién tendrá como marido.

El leopardo fue a la hija de Nzambi y le pidió que se casara con él. Ella se negó, el leopardo se fue a casa y se sintió muy triste.

Otros animales vinieron a ofrecerse como maridos para la hija de Nzambi: la gacela, el jabalí y todos los demás animales que tenían aliento. Uno por uno pidieron la mano de la joven y ella los rechazó.

Mavungu pronto se enteró de que la hija de Nzambi estaba recibiendo pretendientes. Decidió que la ganaría para su esposa. Mavungu le pidió a su encanto ayuda en su misión. Entonces tomó muchas hojas de hierba y, con la ayuda de su encanto, las transformó en diferentes cosas que podía usar en su viaje. Una hoja de hierba se convirtió en un cuchillo, otra en un caballo. De esta manera transformó todas las hojas de hierba hasta que sintió que tenía todo lo que necesitaba y cuando esto ocurrió, emprendió su viaje.

Mavungu viajó sin cesar. Recorrió muchos, muchos kilómetros, durante toda la mañana y hasta bien entrada la tarde, hasta que finalmente se desmayó de hambre. Sacó su encanto y le dijo:

—¿Tienes pensado dejarme morir de hambre?

En un abrir y cerrar de ojos, el encanto le ofreció un delicioso festín a Mavungu. Mavungu comió hasta quedar contento y satisfecho.

Cuando terminó, Mavungu dijo:

—Encanto, no está bien que todos estos platos se queden aquí en el suelo para que cualquier transeúnte los tome. Hazlos desaparecer.

Y así el encanto hizo que todo desapareciera.

Mavungu reanudó su viaje. Pronto el sol comenzó a ponerse. Mavungu le dijo a su encanto:

—Necesitaré un lugar para dormir por la noche.

Dicho esto, el encanto preparó un buen lugar para dormir para Mavungu donde pudiera descansar con comodidad y seguridad hasta la mañana.

Cuando salió el sol, Mavungu le dijo al encanto que limpiara su lugar de dormir y luego reanudó su viaje. Viajó sin cesar durante muchos días y después de eso, durante otros días más, hasta que finalmente llegó a la ciudad de Nzambi. La hija de Nzambi lo vio acercarse y se enamoró de él inmediatamente. Corrió hacia sus padres y les dijo:

—He visto al hombre con el que me casaré. Lo amo y si no puedo casarme con él, mi vida se terminará.

Mavungu se abrió paso por el pueblo y finalmente llegó a la casa de Nzambi donde habló con él.

—He oído que su hija se va a casar —dijo Mavungu—. Me ofrezco para ser su marido.

—Ve y habla con ella —dijo Nzambi—. Si ella lo acepta, entonces puedes casarte con ella.

Mavungu fue a hablar con la hija de Nzambi y cuando se vieron por primera vez, se dieron cuenta de que se amaban. Se abrazaron y después corrieron a decirle a los padres de la joven que les gustaría casarse. Y así fue como Mavungu y su prometida fueron a una hermosa casa, donde durmieron juntos mientras el resto de la ciudad bailaba, cantaba y festejaba hasta bien entrada la noche.

Por la mañana, Mavungu se despertó y notó que la casa contenía muchos espejos, todos cubiertos por una tela. Mavungu despertó a su esposa y le dijo:

—¿Por qué todos estos espejos están cubiertos? Me gustaría verme en uno de ellos. ¿Puedes quitarle la cubierta?

—Por supuesto —dijo la joven y levantó la tela de uno de los espejos, pero cuando Mavungu se miró en él, no se vio a sí mismo sino al pueblo en el que nació.

—Muéstrame otro —dijo Mavungu y la joven también le quitó la cubierta a ese espejo. En ese espejo, Mavungu vio otro pueblo que conocía. La joven iba mostrando espejo tras espejo y en cada uno de ellos Mavungu veía un lugar en el que ya había estado antes.

Finalmente, solo quedaba un espejo cubierto.

—Quítale la cubierta a ese también —dijo Mavungu.

—No me atrevo —dijo su esposa.

—¿Por qué no? —preguntó Mavungu.

—Porque ese es un pueblo del que nadie ha regresado todavía. Si lo ves, sé que querrás ir allí y, si vas, nunca volverás a casa para estar junto a mí.

—A pesar de eso, quiero verlo —dijo Mavungu.

La joven se negó incluso con más firmeza, pero Mavungu siguió preguntándole hasta que finalmente cedió. Cuando levantó la tela del espejo, Mavungu se miró en él y vio un lugar muy horrible que seguramente era el pueblo más peligroso del mundo.

Mavungu dijo:

—Ese es un lugar al que debo ir.

—¡No! ¡Por favor no vayas allí! —dijo la joven—. ¡Si vas, nunca volverás a mí y no puedo vivir sin ti!

Pero por más que la joven suplicara y por más lágrimas que derramara, Mavungu se mantuvo firme en su resolución. Recogió sus cosas, subió a su caballo y salió en busca de la horrible ciudad de la que nadie había regresado.

Después de muchos días de viaje, Mavungu finalmente llegó a las afueras de la ciudad. Allí vio a una anciana sentada junto al fuego.

—Saludos, madre —dijo Mavungu—. ¿Me das un poco de tu fuego para encender mi pipa?

—Por supuesto —dijo la anciana—. Ata tu caballo con firmeza y después acércate para tomarlo tú mismo.

Mavungu se bajó, ató su caballo con fuerza y se dirigió hacia donde estaba sentada la anciana. Pero cuando se acercó lo suficiente, la anciana lo mató y después mató a su caballo.

Mientras tanto, en el pueblo natal de Mavungu, su hermano gemelo, Lembe, se estaba preocupando porque hacía mucho tiempo que no sabía nada de Mavungu. Lembe tomó su encanto con un puñado de hierba y usó el encanto para convertir la hierba en todo lo que necesitaba para su viaje. Una hoja de hierba se convirtió en un cuchillo, otra en un caballo y así sucesivamente hasta que obtuvo todo lo que necesitaba. Entonces, Lembe partió en busca de su hermano.

Después de muchos días de viaje, Lembe finalmente llegó a la ciudad de Nzambi. Nzambi lo vio y fue corriendo a saludarlo.

—¡Mavungu! —dijo Nzambi—. ¡Por fin has vuelto a casa!

—No soy Mavungu —dijo Lembe—. Soy su hermano, Lembe.

—Qué cosas dices —dijo Nzambi—. Sé quién eres. Eres mi yerno y ahora que estás en casa, haremos un gran festín.

Y así se preparó el festín y todos en el pueblo se regocijaron, especialmente la hija de Nzambi. Estaba tan contenta que no podía dejar de bailar y cantar, y seguía llamando a Lembe por el nombre de su hermano. No importaba cuán a menudo o cuán fuerte protestara Lembe, la joven se negaba a creer que Lembe no era su marido.

Cuando el sol se puso y el festín terminó, la hija de Nzambi llevó a Lembe a la casa que compartía con su marido. Lembe rechazó los abrazos de Nzambi y dijo:

—Estoy demasiado cansado de mi viaje. Lo haremos en otro momento.

La hija de Nzambi estaba decepcionada, pero no protestó. Cuando se durmió, Lembe le dijo a su encanto que preparara una habitación separada para la joven. El encanto hizo lo que Lembe le pidió, y así la hija de Nzambi durmió en un lugar y Lembe, en otro. Por la mañana, el encanto devolvió a la hija de Nzambi al lugar donde dormía Lembe, así que ella no sabía que no había dormido a su lado.

Por la mañana, Lembe notó que la casa estaba llena de espejos cubiertos con telas. Como su hermano había hecho antes que él, Lembe pidió a la hija de Nzambi que le quitara las telas y le dejara ver los espejos. Ella iba quitando las telas una por una hasta que solo quedaba el espejo que mostraba la terrible ciudad. La hija de Nzambi se negó al principio a quitar la tela de este espejo, pero finalmente cedió ante la insistencia de Lembe y le dejó verlo. Tan pronto como Lembe se miró en el espejo, supo dónde había ido su hermano.

Lembe se preparó para ir a buscar a su hermano, pero cuando Nzambi descubrió lo que estaba haciendo, dijo:

—Por favor, no te vayas. Es un lugar terrible al que vas a ir. Nadie regresa nunca con vida. Piensa en mi hija, tu joven esposa. Apenas te has casado y todo el tiempo que estuviste fuera, ella estuvo triste y afligida.

Lembe dijo:

—Sí, lo sé y lamento su angustia, pero debo continuar este viaje. Y no hay que temer: ya he vuelto de allí una vez, así que seguramente volveré una segunda vez.

Y así Lembe emprendió su viaje y, después de muchos días de travesía, llegó a las afueras de la ciudad. Allí vio a la anciana sentada junto al fuego.

—Saludos, madre —dijo Lembe—. ¿Me das un poco de tu fuego para encender mi pipa?

—Por supuesto —dijo la anciana—. Ata tu caballo con firmeza y después acércate para tomarlo tú mismo.

Lembe se bajó del caballo, pero cuando lo ató, no lo hizo con mucha fuerza. Entonces se dirigió al fuego y cuando llegó a donde estaba sentada la anciana, la mató. Cuando la anciana murió, Lembe buscó los huesos de su hermano y los de su caballo. Pronto los encontró y, cuando los puso en orden, los tocó con su encanto. Mavungu y su caballo volvieron a la vida.

Mavungu y Lembe se regocijaron al volver a verse y, cuando terminaron de saludarse, buscaron los huesos de todas las personas que la anciana había matado y las devolvieron a la vida. Luego emprendieron el viaje de regreso a la ciudad de Nzambi, con toda la gente resucitada detrás de ellos.

En el camino de vuelta al pueblo de Nzambi, Lembe explicó lo que había sucedido mientras estaba allí, cómo todos insistían en que él era Mavungu, y cómo Lembe se había asegurado de que él y la esposa de su hermano habían dormido por separado. Mavungu estaba muy agradecido de que su hermano hubiera sido tan considerado.

Viajaron durante un tiempo y entonces Lembe dijo:

—¿Qué haremos con todas estas personas que nos siguen?

—Creo que yo debería ser su líder porque soy el mayor —dijo Mavungu.

—Sí, pero fui yo quien te devolvió la vida —dijo Lembe—. Seguramente eso cuenta para algo.

Los hermanos discutieron sin cesar y finalmente Mavungu se enfadó tanto que mató a su hermano. Mavungu y los demás hombres reanudaron su viaje, pero el caballo de Lembe se quedó atrás junto al cuerpo de Lembe. Cuando los otros estaban fuera de la vista, el caballo tomó el encanto de Lembe y tocó su cuerpo con él. Lembe volvió a la vida de nuevo. Entonces montó su caballo y fue en busca de su hermano.

Mientras tanto, Mavungu llegó a casa con todos los hombres resucitados. Nzambi y el resto del pueblo se regocijaron al ver que había regresado a salvo, pero ninguno se regocijó más que la esposa de Mavungu. Al igual que antes, Nzambi ordenó que se celebrara un gran festín para celebrar el regreso seguro de Mavungu.

Durante el festín, llegó Lembe. Se acercó a Mavungu y lo mató. La gente del pueblo estaba horrorizada, pero Lembe explicó lo que había pasado y la gente estuvo de acuerdo en que Lembe había actuado de forma correcta.

La Historia de Uthlakanyana *(Zulú, Sudáfrica)*

Uthlakanyana es el héroe embaucador de una serie de cuentos zulúes, dos de los cuales se relatan a continuación. Como muchos embaucadores y héroes, Uthlakanyana tiene un origen milagroso y exhibe poderes sobrehumanos desde el día en el que nace. Comienza a mostrar su lado embaucador desde el principio: primero al engañar a todos los hombres de la aldea y quitarles la carne; luego a su madre, al comerse las aves que había cocinado mientras aún dormía y después al convencerla de que las había cocinado tanto tiempo que solo quedaban las cabezas. La segunda historia también gira en torno a la cocina y la comida, pero esta vez las víctimas de la astucia de Uthlakanyana pertenecen a una familia de caníbales. Uthlakanyana engaña a una madre caníbal para que se hierva a sí misma hasta morir y luego engaña a sus hijos para que se la coman.

Para los lectores occidentales, el comportamiento de Uthlakanyana hacia su propia madre puede parecer extraño en el mejor de los casos y cruel en el peor. Sin embargo, en una nota de su narración de la historia, el autor Henry Callaway dice que probablemente esto sea un intento por parte de Uthlakanyana de darse una excusa razonable para irse, sin la cual no puede cortar los lazos con su madre para salir al mundo por sí mismo.

El nacimiento de Uthlakanyana

Había una vez una mujer que estaba esperando un hijo. Cuando se acercaba el momento de su nacimiento, escuchó una pequeña voz que decía:

—¡Madre! ¡Dame a luz ahora! ¡La gente se está comiendo todo el ganado de mi padre!

—¿Qué es esto? —se dijo la madre—. No es hora de que mi hijo nazca y un niño no puede hablar. Debo de estar escuchando cosas.

Pero la voz llegó de nuevo y decía:

—¡Madre! ¡Dame a luz ahora! ¡La gente se está comiendo todo el ganado de mi padre!

La mujer fue a ver a su marido, que era el rey de la aldea y se encontraba en el kraal para sacrificar el ganado. La mujer le dijo a su marido lo que había pasado. La gente de allí también escuchó lo que la mujer dijo.

—¡Escuchemos lo que dice el niño! —dijo la gente.

—¡Sí! —dijo el padre—. Guardemos silencio para poder escuchar al niño juntos.

Todos se quedaron muy quietos y esperaron. Pronto una voz vino del vientre de la madre y decía:

—¡Madre! ¡Dame a luz ahora! ¡La gente se está comiendo todo el ganado de mi padre y aún no he tenido mi parte!

Toda la gente estuvo de acuerdo en que esto era algo muy asombroso. Entonces el padre dijo:

—Todos ustedes deben volver a sus casas. Mi esposa va a dar a luz ahora.

Todos salieron de la casa y la mujer dio a luz al niño. Cuando la mujer vio a su hijo, se quedó bastante asombrada, porque, aunque era muy pequeño, parecía un anciano y ya podía ponerse de pie y caminar por sí mismo. El niño fue al lugar donde los hombres estaban sentados comiendo carne alrededor del fuego. Cuando los hombres vieron a la criatura acercarse, se asustaron y salieron corriendo, porque la criatura era pequeña como un bebé, pero parecía un anciano. El niño no hizo caso a los hombres. Simplemente tomó un trozo de carne que los hombres habían cocinado, se sentó junto al fuego y comenzó a comer.

Los hombres fueron a ver a la madre del niño y le preguntaron:

—Esa criatura que come carne junto a nuestro fuego, ¿es el niño que habló dentro de ti y al que acabas de dar a luz?

—Sí, así es —dijo la madre.

Los hombres se asombraron de esto.

—Esta es una maravilla que ha sido creada para nosotros. Seguro que eres una reina y este niño va a ser uno de los grandes entre nosotros.

El niño escuchó lo que los hombres y su madre dijeron de él, así que fue a su padre y le dijo:

—Padre, sé que tú y los otros piensan que soy solo un niño, pero no lo soy. Deseo que hagas una prueba que demuestre que soy un hombre maduro. Reúne a todos los hombres y muchachos del pueblo en el kraal. Después toma la pata entera de un buey y arrójala fuera del kraal. A tu orden, todos los hombres y muchachos intentarán ser los primeros en agarrar la pierna y traerla al kraal. Quienquiera que haga esto será conocido como un hombre de verdad.

El padre aceptó hacerlo, así que reunió a todos los hombres y muchachos en el kraal. Luego tomó la pata de un buey y la arrojó fuera del kraal. Por orden del padre, todos los hombres y muchachos se dirigieron hacia la puerta del kraal y se empujaron los unos a los otros, para ser los primeros en atravesar la puerta y así ser los primeros en agarrar la pata. Pero el niño se mantuvo alejado de la muchedumbre de cuerpos y en su lugar se arrastró bajo los barrotes del kraal. Corrió hacia la pata, la agarró, la levantó sobre su cabeza y se la llevó a su madre para que la cocinara antes de que el primero de los hombres y muchachos lograra escapar por la puerta.

Cuando el niño llegó a la casa de su madre con la pata del buey, le dijo:

—Madre, aquí está la carne que te he traído.

Su madre respondió:

—Este es un buen día y estoy muy feliz porque mi hijo es un hombre muy sabio.

El niño regresó al kraal, donde su padre estaba matando un novillo y dando carne a los hombres del pueblo. El padre estaba a punto de dar un trozo de carne a uno de los hombres, cuando el niño se acercó y dijo:

—Dame esa carne. La llevaré a tu casa por ti.

—Por supuesto —dijo el hombre.

—¡Gracias! —dijo el niño.

El niño tomó la carne y entró en la casa del hombre. Tomó un poco de sangre de la carne y la untó en la alfombra y el palo para colgar, y luego llevó la carne a la casa de su madre. Cuando eso se hizo, el niño regresó al kraal, donde su padre estaba a punto de dar un trozo de carne a otro hombre.

—Dame esa carne —dijo el niño—. La llevaré a tu casa por ti.

—Por supuesto —dijo el hombre.

—¡Gracias! —dijo el niño.

Al igual que lo había hecho con el trozo de carne del primer hombre, el niño tomó la carne y untó un poco de sangre en la alfombra y el palo de colgar, después llevó la carne a la casa de su propia madre. De esta manera, el niño tomó la carne destinada a cada hombre del pueblo y se la llevó a su propia madre.

Cuando los hombres entraron en sus casas, vieron que las alfombras de almacenamiento y los palos para colgar estaban llenos de sangre, pero que la carne no se encontraba en ningún sitio, ya que el niño había llevado la carne a la casa de su madre. Los hombres fueron a ver al niño y le dijeron:

—Te dimos nuestra carne y nos dijiste que la llevarías a nuestras casas. Hay sangre en la alfombra como si hubiera sido puesta allí y en el palo para colgar como si hubiera sido usado para colgar la carne, pero no podemos encontrar la carne en ninguna parte. ¿Qué has hecho con nuestra carne?

Pero el niño no les daba ninguna respuesta, excepto que la carne estaba en sus casas y que la sangre en los utensilios lo atestiguaba.

Las mujeres del pueblo habían observado lo que había pasado durante todo el día. Cuando vieron la confusión de sus hombres, todas dijeron:

—¿Es que no lo entienden? Este niño es Uthlakanyana. ¿No han visto que, aunque tiene la estatura de un niño, camina y se comporta como un hombre? ¿No han entendido que hoy les ha engañado, no una vez, sino muchas veces? Seguramente no ha sido engendrado de la manera habitual. Seguramente, el rey de nuestro pueblo no es su padre. Este niño es diferente y asombroso. Habló cuando aún estaba en el útero y ha superado a todos los hombres de este pueblo el mismo día en el que nació. Seguramente, hará muchas cosas grandes.

Uthlakanyana y el caníbal

Un día, Uthlakanyana bajó al río para cazar. Mientras buscaba una presa, se encontró con una gran cantidad de trampas para aves. Cada una de ellas tenía un ave dentro. ¡Algunas trampas incluso tenían dos o tres! Uthlakanyana sacó todas las aves de las trampas y las llevó a casa de su madre.

—Madre, por favor, quítame esta pesada carga —dijo.

—¿Qué es lo que llevas, hijo mío? —preguntó su madre.

—Atrapé muchas aves cuando salí a cazar hoy y estoy cansado de llevarlas todas.

La madre tomó las aves de su hijo y se maravilló de cuántas había capturado.

—Mi hijo es un hombre maduro y sabio también —dijo—. ¡Qué buena cacería de aves me trae!

—Cocínalas todas, madre —dijo el niño—. Colócalas en una olla y cierra bien la olla con estiércol de vaca. Pon la olla sobre el fuego durante la noche, pues me comeré las aves por la mañana. Pero esta noche, dormiré en otro lugar. Iré a la casa donde duermen los demás muchachos.

Después de decir eso, el niño salió de la casa de su madre y fue a la casa donde todos los muchachos dormían juntos. Cuando el niño llegó a la casa donde los muchachos dormían, todos le dijeron:

—¡Fuera! No te queremos aquí.

—¿Por qué? —dijo el niño—. Soy un muchacho y por lo tanto se me debería permitir dormir aquí con vosotros, que sois todos muchachos. ¿O es que creen que soy una muchacha?

—No —dijeron los muchachos—, pero no nos fiamos de ti. Te llevaste toda la carne que les pertenecía a nuestros padres, la carne que el rey les había dado. Y sabemos que el rey no es realmente tu padre.

—¿Es eso cierto? —preguntó el niño—. Entonces, ¿quién es mi padre?

—No tenemos ni idea —respondieron los muchachos—, pero eres una especie de niño prodigio, eso es seguro, y es probable que hagas alguna travesura si te dejamos dormir aquí.

—Muy bien, entonces —dijo el niño—, estaba pensando en irme, pero ya que están diciendo estas cosas tan feas, me quedaré y dormiré aquí solo para fastidiarles.

Los muchachos se rieron:

—No podrías luchar contra nosotros, aunque lo intentaras. Puede que seas muy inteligente con las palabras, pero naciste ayer y no tienes la fuerza para vencernos. Pero eres muy inteligente con las palabras y ni nosotros ni nuestros padres podemos vencerte de esa manera.

Y entonces los muchachos le dieron la espalda al niño y se fueron a dormir. Pronto Uthlakanyana también se durmió. Por la mañana, Uthlakanyana volvió a la casa de su madre. Allí encontró que su madre aún estaba durmiendo. Uthlakanyana abrió la olla donde las aves se estaban cocinando y encontró que ya estaban listas para comer. Se comió los cuerpos, pero dejó las cabezas. Después salió a buscar estiércol de vaca. Lo metió en el fondo de la olla y colocó las cabezas de las aves encima. Después de hacer esto, selló la olla de nuevo, tal como estaba antes de que comiera las aves y, mientras tanto, su madre dormía.

Uthlakanyana salió de la casa de su madre. Caminó un poco hacia el pueblo, luego dio la vuelta y regresó. Se detuvo en la puerta de la casa de su madre y dijo:

—¡Madre! ¡Estoy aquí! ¡Abre la puerta, por favor!

Su madre le abrió la puerta y él entró en su casa.

—Estoy muy hambriento y ya es muy tarde en la mañana —dijo Uthlakanyana—. Seguramente has dormido demasiado. Esas aves probablemente se han convertido en estiércol dentro de la olla por quedarse allí tanto tiempo.

Uthlakanyana abrió la olla.

—¡Mira! ¡Tenía razón! Todas las aves están convertidas en estiércol.

—¿Cómo sucedió esto? —preguntó su madre.

—Sé cómo sucedió, aunque tú no lo sepas —dijo Uthlakanyana—. Soy un hombre adulto, pero parece que tú no eres más que una niña pequeña. Te hablé cuando aún estaba en el útero, diciéndote que me dieras a luz. Soy mayor que tú, muy, muy mayor. Y tú no eres mi madre ni tu esposo, el rey, es mi padre. Me alegró nacer de ti, pero ahora es hora de que me vaya. Debo irme de viaje, pero tú y tu esposo deben quedarse aquí y vivir juntos.

La madre sacó las cabezas de las aves y el estiércol de la vaca de la olla.

—Tenías razón cuando dijiste que los cuerpos de las aves se convertirían en estiércol —dijo.

—Déjame verlas —dijo Uthlakanyana y cuando ella le mostró las cabezas de las aves, él las tomó y se las comió todas. Luego le dijo a su madre—: Te has comido todas mis aves, así que yo me he comido todas sus cabezas.

Entonces Uthlakanyana tomó su bastón, salió de la casa de su madre y comenzó sus viajes. Estaba murmurando todo el tiempo sobre lo enfadado que estaba porque su madre se había comido todas las aves ella misma y no le había dejado nada más que las cabezas.

Uthlakanyana anduvo sin cesar y llegó a un lugar donde se habían colocado muchas trampas para aves. Cada una de estas trampas tenía aves, así que Uthlakanyana las tomó y pensó que más tarde servirían para hacer una buena comida. Pero las trampas le pertenecían a un caníbal malvado y, tan pronto como Uthlakanyana sacó la última ave de las trampas, el caníbal lo agarró y le gritó:

—¿Por qué sacas mis aves de mis trampas?

—Ay, por favor, por favor no me hagas daño —dijo Uthlakanyana y dejó caer todas las aves—. ¡No me he llevado nada! ¡Por favor, déjame ir!

Pero el caníbal era muy listo; pues había untado las trampas con liga de aves y Uthlakanyana llevaba las manos manchadas con un poco de liga.

—Sí que tomaste mis aves —dijo el caníbal—, porque veo que tus manos están manchadas con la liga que puse en las trampas para atrapar a ladrones como tú.

—¡Por favor, déjame ir! —dijo Uthlakanyana—. Por favor, no me hagas daño. Llévame a casa con tu madre. En el camino podemos limpiar la liga de las aves y, si me tratas bien, seré una delicia para comer. Llévame a casa con tu madre y ella podrá cocinarme para tu cena. Pero deberás salir de casa mientras me cocino porque si no, el plato se estropeará y no valdrá la pena comerlo.

—Muy bien —dijo el caníbal y recogió las aves que Uthlakanyana había dejado caer y lo llevó a la casa de su madre. Cuando llegaron, el caníbal le dijo a su madre—: Mira a este pequeño ladrón que atrapé robando de mis trampas. Dice que sabe delicioso, pero que tengo que salir de la casa mientras él se cocina en la olla. Ya es tarde y estoy cansado. Cocínalo mañana por la mañana, cuando haya salido de casa.

Entonces el caníbal y su madre le dieron a Uthlakanyana un lugar para dormir y se fueron a sus propias camas.

Por la mañana, el caníbal le dijo a su madre:

—Madre, cocina a mi pequeño ladrón. Cocínalo bien para que tenga una sabrosa cena cuando vuelva a casa.

Entonces el caníbal se fue.

Uthlakanyana le dijo a la madre del caníbal:

—Estaré más tierno y sabroso si me pones en el tejado para secarme un poco al sol antes de cocinarme. Puedes volver a la cama hasta que esté bien seco. Te llamaré cuando termine.

—Muy bien —dijo la madre del caníbal, puso a Uthlakanyana en el tejado de la casa y se volvió a la cama.

Esto fue algo muy inteligente que Uthlakanyana había hecho, ya que desde el tejado de la casa podía ver por dónde se había ido el caníbal. El caníbal se alejó un poco de la casa, donde se encontró con su hermano, y juntos se alejaron por una colina.

Cuando el caníbal y su hermano se fueron, Uthlakanyana bajó del tejado y entró en la casa.

—Ya estoy seco —dijo—. Vamos a empezar a cocinar. Conozco un juego al que podemos jugar que me convertirá en el plato más sabroso que su hijo haya comido jamás. Te mostraré cómo se juega. Necesitaremos la olla más grande que tengas, porque cuando esté todo hervido, me hincharé y no queremos que la olla explote.

La madre sacó la olla más grande que tenía, la llenó con agua y la puso a calentar en el fuego. Cuando eso se hizo, Uthlakanyana dijo:

—Así es como jugamos. Primero, me hiervo un poco, luego salgo de la olla. Luego te subes y te hierves un poco. Después intercambiamos.

Después de esperar a que el agua se calentara un poco, Uthlakanyana quitó la tapa de la olla y comprobó la temperatura del agua con su mano.

—Sí —dijo—, ya está lo suficientemente caliente como para empezar a cocinarme.

La madre del caníbal tomó a Uthlakanyana y lo puso en la olla, entonces selló la olla con una tapa. Después de un rato, Uthlakanyana dijo:

—¡Ahora te toca a ti! Sácame, por favor.

Cuando Uthlakanyana salió de la olla, miró el fuego.

—Vaya por dios. Así no se cocinará nunca. Tenemos que avivar el fuego un poco.

Y entonces él avivó el fuego hasta que rugió bien debajo de la olla, y el agua comenzó a vaporizarse y a burbujear.

—¡Mira! —dijo— Eso significa que la olla ya está lista para ti. Quítate toda la ropa y entra. Es bastante caluroso y agradable ahí dentro.

Cuando la madre del caníbal se desnudó, Uthlakanyana la puso en la olla y la cubrió con una tapa. Pronto la madre comenzó a gritar desde el interior de la olla.

—¡Ayuda! ¡Déjame salir! ¡Estoy hervida hasta la muerte! ¡Déjame salir!

—¿Cómo puedes decir que ya estás hervida hasta la muerte? —preguntó Uthlakanyana—. Si estuvieras muerta, no serías capaz de hablar. No, no te creo. Debes terminar tu turno en la olla, como yo terminé el mío.

Después de un rato, Uthlakanyana le preguntó a la madre:

—¡Oye! ¿Ya estás hervida?

Pero no hubo respuesta desde la olla, así que Uthlakanyana dijo:

—Ahora sí que debe de estar bien hervida, porque no me responde.

Entonces Uthlakanyana se puso la ropa de la madre del caníbal y su cuerpo creció hasta que encajó perfectamente en las prendas. Se acostó en la cama de la madre y esperó a que su hijo volviera a casa. Muy pronto, el caníbal y su hermano regresaron.

—Hola, madre —dijo el caníbal—. ¿Este pequeño ladrón se ha cocinado bien y ya está listo para comer?

—Sí —dijo Uthlakanyana, pretendiendo ser la madre del caníbal—. Se cocinó muy bien. Incluso se expandió bastante en la olla, así que hay más carne de la que pensé que habría. Tú y tu hermano sírvanse; yo ya he comido bastante y estuvo muy rico.

Los caníbales abrieron la olla y sacaron un brazo.

—Espera —dijo el hermano del caníbal—. Este se parece mucho al brazo de nuestra madre.

—No deberías decir eso —dijo el caníbal—. Vas a traer una maldición sobre nuestra madre.

—Lo siento —dijo el hermano—. Retiro lo dicho.

Y así se comieron el brazo.

Después de haberse comido el brazo, metieron la mano en la olla y sacaron una pierna. El hermano del caníbal observó el pie y dijo:

—¿No se parece mucho al pie de nuestra madre? Pero supongo que no debería decir eso, ya que no quiero que caiga una maldición sobre ella.

Haciéndose pasar por la madre de los caníbales, Uthlakanyana dijo:

—Por favor, no se preocupen; estoy aquí, sana y salva. Es solo el pequeño ladrón el que está en la olla. —Luego se levantó y fue a la puerta de la casa—. Voy a salir un rato —dijo—. Ustedes dos terminen su cena. ¡Hay mucha comida!

El caníbal metió la mano en la olla y sacó la otra pierna. Miró muy de cerca el pie y dijo:

—Espera. Esto se parece mucho al pie de nuestra madre.

Uthlakanyana, mientras tanto, se alejó rápidamente de la casa, y cuando llegó a un lugar en el que pensaba que los caníbales no podrían verle, se quitó la ropa de la madre y corrió tan rápido como pudo. Cuando corrió lo suficiente como para saber que los caníbales nunca podrían alcanzarlo, se volvió y gritó:

—¡Oigan, caníbales! Ese era el brazo de su madre y esas eran las piernas de su madre. ¡Ustedes, dos tontos, se han comido a su propia madre!

Los caníbales escucharon a Uthlakanyana y corrieron tras él.

—Te dije que era la mano de nuestra madre y el pie de nuestra madre —dijo el hermano mientras corrían—. Te lo dije, pero no quisiste escuchar.

Uthlakanyana corrió hasta que llegó a la orilla de un río. Sabía que los caníbales lo perseguían, pero el río era demasiado profundo para cruzarlo y demasiado rápido para nadar, así que se convirtió en un palo. No mucho después, llegaron los caníbales.

—¿Dónde se ha metido ese pequeño ladrón? —preguntó el caníbal.

—Creo que debe de haber cruzado el río —dijo el hermano—. Mira, aquí están sus huellas en la orilla.

El caníbal levantó el palo y lo tiró al otro lado del río lleno de ira. Pero cuando el palo aterrizó en el otro lado, se convirtió de nuevo en Uthlakanyana.

—¡Gracias por tirarme al otro lado! —dijo y después se fue corriendo. Los dos caníbales se quedaron quietos al otro lado del río, mientras lo veían irse y se sintieron muy tontos por haber sido engañados de esa manera. Después se fueron a casa y Uthlakanyana continuó con su viaje.

La pequeña sabia *(Khoikhoi, Sudáfrica)*

Los khoikhoi viven en el suroeste de África y siguen tradicionalmente un estilo de vida de pastoreo nómada. Anteriormente, a estas personas se les llamaba con frecuencia hotentotes, *pero esa palabra tiene connotaciones despectivas. El término* khoikhoi *utilizado aquí se refiere a varios pueblos de idioma khoekhoe en el sur de África.*

El cuento de la pequeña sabia que se relata a continuación participa en el tropo de la persona desfavorecida que tiene poderes especiales o conocimientos que las personas aventajadas que la rodean no tienen. Tanto la niña, que es la protagonista principal, como el hombre tuerto, que es el principal antagonista, están en desventaja, la niña por su edad y tamaño, y el hombre tuerto por su estado de semi-ciego. Cada uno de ellos utiliza sus habilidades para tratar de ganar ventaja y cada uno de ellos es ignorado por la gente que los rodea que los ve como menores, en su propio detrimento. La única excepción es la hermana mayor de la niña, que defiende a su hermana menor y está dispuesta a escuchar y a seguir las instrucciones. De esta manera, ella evita el trágico destino de las otras niñas que tratan a la pequeña sabia con desdén.

La prenda de vestir llamada kaross *que se menciona en la historia está hecha de piel de animal que aún tiene lana o pelo. Está cosida para formar una chaqueta sin mangas y es usada tradicionalmente por el pueblo khoikhoi.*

Una vez una niña salió a buscar cebollas. Llegó a un lugar donde sabía que podía encontrar algunas y vio que un grupo de hombres ya había llegado allí antes que ella. Uno de los hombres tenía un solo ojo. La niña se agachó para desenterrar las cebollas y los hombres la ayudaron. Cuando su saco estaba lleno, los hombres dijeron:

—¿Por qué no te vas a casa e invitas a tus amigas a que se unan a ti? Hay muchas cebollas para todos.

La niña volvió a casa y les contó a todas sus amigas sobre el campo de cebollas, pero no mencionó a los hombres. Por la mañana, las niñas recogieron sus sacos y se dirigieron al campo de cebollas, con una pequeña niña detrás de ellas.

—¿Por qué no le dices a tu hermana pequeña que se vaya a casa? —dijo una de las niñas a la hermana mayor de la pequeña—. Ella no debería venir con nosotras.

—Puede correr por sí misma —dijo la hermana mayor—. Ninguna de nosotras tendrá que llevarla en brazos. Dejadla que nos siga.

Cuando llegaron al campo de cebollas, la niña pequeña miró al suelo y vio que había muchísimas pisadas. Esto la hizo sentir incómoda. Fue a ver a la niña que había estado allí el día anterior y le preguntó:

—¿Por qué hay tantas pisadas? ¿No estabas sola la última vez?

—Pues todas esas deben ser mías —dijo la niña mayor—. Estaba dando muchas vueltas después de todo.

La pequeña no dijo nada más y se guardó sus sospechas para sí misma. Era una pequeña sabia, así que no dejaba de mirar a su alrededor mientras trabajaba. Una vez, miró a su alrededor y vio la madriguera de un oso hormiguero.

La pequeña volvió a cavar cebollas, pero siguió mirando hacia arriba de vez en cuando. Descubrió que había hombres cerca, pero no dio ninguna señal de haberlos visto y los hombres aparentemente no podían verla.

Cuando la pequeña dejó de trabajar para mirar a su alrededor una vez más, una de las niñas mayores dijo:

—¿Por qué sigues haciendo eso? Simplemente cava cebollas como el resto de nosotras.

La niña no respondió, pero tampoco dejó de mirar. Después de un rato, se levantó para mirar de nuevo y vio a un grupo de hombres que se dirigían hacia el campo. Uno de ellos era el hombre tuerto y estaba tocando una flauta de caña. La niña escuchó atentamente y descubrió que podía entender lo que decía la flauta. Una y otra vez, la flauta de caña cantaba:

Habrá sangre, hoy la sangre fluirá

Habrá sangre, hoy la sangre fluirá

Las niñas escucharon la música de la flauta de caña y comenzaron a bailar. La niña preguntó a las mayores si podían entender lo que decía la flauta de caña, pero todas le dijeron que dejara de hacer preguntas estúpidas. La niña comenzó a bailar con las demás, pero se dirigió hacia donde bailaba su hermana mayor, ató el kaross de su hermana al suyo propio y siguieron bailando juntas, mientras las demás niñas se alegraban cada vez más. Pronto las otras niñas hicieron tanto ruido y se divirtieron tanto que las dos hermanas pensaron que podían escaparse sin que las detectaran.

Mientras se iban alejando del campo de cebollas, la niña le preguntó a su hermana:

—¿Puedes oír lo que dice la flauta de caña?

—No, no puedo—contestó la mayor.

—Está diciendo «Habrá sangre, hoy la sangre fluirá» una y otra vez.

Ahora bien, la hermana pequeña era una auténtica sabia. Hizo que su hermana mayor caminara delante mientras que ella caminaba detrás. La niña andaba sobre las pisadas de su hermana mayor, lo que hacía que pareciera que solo había un juego de pisadas. Además, la hermana mayor caminaba hacia atrás, así que no era posible saber en qué dirección iban. Las dos niñas iban caminando así hasta que llegaron a la madriguera del oso hormiguero, donde se metieron para esconderse.

Después de un rato, escucharon a las niñas que aún estaban en el campo llorar y gritar. Los hombres habían empezado a matarlas, una tras otra. Las dos hermanas que habían escapado oyeron los gritos y la mayor empezó a llorar de pena por sus amigas. Entonces, la pequeña le dijo:

—Alégrate de que hayas venido conmigo; si te hubieras quedado, estarías muerta como todas las demás.

De vuelta en el campo de cebollas, los hombres habían terminado de matar a todas las niñas. El tuerto miró a su alrededor y dijo:

—Esperad. Faltan dos niñas.

Los otros hombres le dijeron:

—¿Cómo lo sabes? Solo tienes un ojo.

—Lo sé —dijo el tuerto—. Hay otras dos. Deberíamos ir a buscarlas.

Los otros hombres accedieron a ayudar a buscar y pronto encontraron un solo juego de huellas fuera del campo. No podían decidir si eran las huellas de alguien que salía o entraba en el campo, pero decidieron seguirlas fuera del campo de todos modos. Pronto llegaron a la madriguera del oso hormiguero. Miraron dentro, pero no vieron nada. Entonces el tuerto miró.

—¡Están ahí dentro! —dijo.

Los otros se rieron de él.

—¿Cómo lo sabes? Solo tienes un ojo.

—Lo sé —dijo el tuerto—. Mirad de nuevo, están allí.

Los otros miraron de nuevo, pero no vieron nada, porque las niñas se habían escondido detrás de un cúmulo de telarañas.

—Comprobaré si realmente hay alguien ahí dentro —dijo uno de los hombres. Tomó su azagaya y la introdujo en el agujero. La punta de la azagaya hirió el pie de la hermana mayor y este empezó a sangrar, pero antes de que el hombre pudiera sacar la azagaya del agujero, la hermana menor limpió toda la sangre. Entonces le dijo a su hermana:

—No llores o nos van a escuchar.

Cuando volvieron a sacar la azagaya sin ningún rastro de sangre, el tuerto se asomó al agujero otra vez. Esta vez la niña le miró fijamente. El tuerto le dijo a sus compañeros:

—Juro que las dos están metidas dentro de ese agujero. Pero los otros hombres se burlaron y dijeron:

—¿Cómo lo sabes? Solo tienes un ojo.

El día se volvió muy caluroso y los hombres se volvieron sedientos. Le dijeron al tuerto:

—Vamos a buscar algo de beber. Tú quédate aquí y vigila. Te traeremos bebida cuando volvamos.

Las niñas oyeron a los otros hombres irse y, cuando se aseguraron de que el tuerto estaba solo, empezaron a cantarle un hechizo.

Sucio hijo de tu padre

¿No tienes sed también?

Sucio hijo de tu padre

Infame hijo de tu padre

¿No quieres beber también?

El tuerto cayó bajo su hechizo y dijo:

—Tengo demasiada sed para esperar a que los demás vuelvan —dijo y se fue a buscar algo de beber.

Cuando las niñas estaban seguras de que el tuerto ya se había ido, se arrastraron fuera del agujero. La hermana pequeña llevó a su hermana mayor en la espalda y así iniciaron el viaje de regreso a casa. El camino que debían seguir era por una llanura plana y sin árboles, así que cuando los hombres terminaron de beber y volvieron a buscar a las niñas, las vieron a lo lejos.

—¡Ahí están! —gritaron los hombres y empezaron a correr detrás de las niñas.

Las niñas vieron a los hombres correr hacia ellas y se convirtieron en arbustos de espinas. Los collares que llevaban las niñas se convirtieron en gotas de resina. Los hombres llegaron a los arbustos de espinas, tomaron las gotas de resina de los arbustos y la comieron. Después, se acostaron en el suelo y se fueron a dormir.

Mientras los hombres dormían, las niñas tomaron la resina y la untaron en los ojos de los hombres, para cerrarlos. Entonces, las niñas reanudaron su viaje a casa.

Cuando estaban a punto de llegar a su kraal, los hombres se despertaron y encontraron que sus ojos estaban sellados con resina.

—¡Malditos vagos! —dijo el tuerto—. ¡Os habéis dormido y habéis dejado que las niñas se escapen!

—No es que tú seas mejor que nosotros —dijeron los hombres—. Tú también te dormiste y tu único ojo también quedó sellado, al igual que nuestros pares de ojos.

Los hombres se quitaron la resina de los ojos y volvieron a buscar a las niñas, pero descubrieron que las niñas habían llegado a salvo a la casa de sus padres, por lo que los hombres regresaron a su propio pueblo.

Las niñas contaron a sus padres lo que había pasado y explicaron a los demás aldeanos lo que había sido de sus hijas. Toda la aldea lloró y estuvo de luto, pero nadie se atrevió a volver al campo de cebollas, ni siquiera a buscar los cuerpos de sus hijas.

Parte III: Cuentos con moraleja

La ciudad donde se repara a la gente *(Hausa, Nigeria y Níger)*

El pueblo hausa es el más numeroso de todas las culturas africanas y el idioma hausa es el más hablado, después del árabe. Situadas principalmente en las regiones del Sahel y la sabana de lo que hoy son Níger y Nigeria, las comunidades hausa también se encuentran en estados vecinos como Camerún, Chad y Ghana, y en otros tan lejanos como Eritrea. El pueblo hausa ha abrazado el islam desde la Edad Media y muchas de sus ciudades se convirtieron en importantes centros de comercio a lo largo de las rutas tradicionales de las caravanas de África y el Oriente Medio.

La historia que se relata a continuación participa en varios tropos comunes a los cuentos populares de muchas culturas. Uno de estos tropos es el contraste entre la buena madre y la mala, que va de la mano con el tropo de las hijas hermosas y feas. Un giro en este último, sin embargo, es que, en lugar de ser una antagonista por derecho propio, como lo es en muchos otros cuentos, la hija fea aquí es una víctima inocente de los celos y la codicia de su propia madre. Los celos y la codicia contrastados con la generosidad y la misericordia forman el último tropo, y también convierten esta historia en un cuento con moraleja sobre el tratamiento de los demás con respeto.

La historia menciona varios tipos de alimentos. Uno de ellos es la fura, *bolas de masa hechas de harina de mijo. El otro es el fruto del árbol de* aduwa, *que es similar a los dátiles, aunque no tan dulce.*

Un día, las muchachas del pueblo decidieron ir al bosque a recoger hierbas. Mientras estaban en el bosque, una gran tormenta llegó desde el este y envió mucha lluvia. Las muchachas corrieron a refugiarse bajo un árbol de baobab, pero cuando descubrieron que el árbol estaba hueco, entraron. Tan pronto como las muchachas entraron en el árbol, el Diablo vino y lo cerró.

—¡Por favor, déjenos salir! —gritaron las muchachas.

—No, no voy a dejarles salir —dijo el Diablo—, a menos que me entreguen sus collares y sus ropas.

Las muchachas le entregaron al Diablo sus collares y sus ropas, a excepción de una muchacha, que se negó. Las que le dieron sus cosas al Diablo quedaron libres, pero el Diablo retuvo a la que se negó. Las muchachas que escaparon fueron a ver a la madre de su amiga y le contaron todo lo que había pasado y que el Diablo aún mantenía cautiva a la hija de la mujer dentro del árbol de baobab.

—Llévenme al árbol para que pueda saber cuál es —pidió la madre.

Las muchachas la llevaron al árbol y la madre vio que había un hueco en la copa que bajaba dentro del tronco. La madre fue a casa, cocinó una comida para su hija y después volvió al árbol.

—¡Hija! —llamó—. ¡Estoy aquí! ¡Tengo comida para ti! Estira tu mano a través del agujero en el tronco y te daré tu comida.

La muchacha escuchó la voz de su madre y metió la mano por el agujero del tronco y tomó la comida que su madre había preparado. Una vez que la muchacha había comido toda su comida, la madre se fue a casa.

Resulta que había una hiena merodeando cerca, que vio y oyó todo lo que pasó. Con la intención de aprovecharse de la situación, se acercó al árbol y dijo:

—¡Hija! ¡Estoy aquí! ¡Tengo comida para ti! Estira tu mano a través del agujero en el tronco y te daré tu comida.

La muchacha escuchó a la hiena que la llamaba desde fuera del árbol y no reconoció la voz ronca de la hiena.

—Tú no eres mi madre —dijo la muchacha—. Vete.

La hiena fue a buscar a un herrero.

—Cambia mi voz para que parezca humana —pidió la hiena.

—Muy bien —dijo el herrero—, pero probablemente te comerás lo primero que encuentres en el camino y eso deshará todo mi trabajo.

El herrero cambió la voz de la hiena y esta se alejó trotando en su camino de regreso al árbol. A lo largo del camino, la hiena se encontró con un ciempiés.

—¡Nunca dejo escapar una comida gratis! —dijo la hiena y se tragó al ciempiés de un solo bocado.

Pronto la hiena llegó al árbol de baobab.

—¡Hija! —llamó—. ¡Estoy aquí! ¡Tengo comida para ti! Estira tu mano a través del agujero en el tronco y te daré tu comida.

Pero la voz de la hiena era áspera y ronca por haberse comido el ciempiés, así que la muchacha no la reconoció.

—Tú no eres mi madre —dijo la muchacha—. Vete.

La hiena se puso furiosa y volvió corriendo a ver al herrero.

—¡Dijiste que me habías cambiado la voz, pero no funcionó! ¡Debería comerte aquí y ahora!

—¡Espera! —dijo el herrero—. ¿Has comido algo después de que yo te cambiara la voz?

—Bueno, sí —dijo la hiena—. Había un ciempiés gordo en el camino y me apetecía comer algo.

—Pues, fue por eso que tu voz volvió a cambiar —dijo el herrero—. Te la arreglaré de nuevo; no me comas y no comas nada más hasta que hayas usado tu voz humana.

La hiena volvió al árbol de baobab, esta vez sin comer nada por el camino. Llegó al árbol y llamó:

—¡Hija! ¡Estoy aquí! ¡Tengo comida para ti! Estira tu mano a través del agujero en el tronco y te daré tu comida.

Esta vez la muchacha se dejó engañar. Pensó que era su madre la que la llamaba, así que metió la mano en el agujero del árbol. Tan pronto como lo hizo, la hiena saltó y tomó la mano de la muchacha. La sacó del árbol y se la comió en el acto, sin dejar nada más que los huesos.

Cuando llegó la noche, la madre de la niña regresó al árbol para darle de comer a su hija y allí vio los huesos de su hija tendidos en el suelo. La madre se lamentó al encontrar a su hija muerta. A continuación, se fue a casa a buscar una cesta. Volvió al árbol y recogió con cuidado todos los huesos. Cuando tenía hasta el último hueso, salió en busca de la ciudad donde se repara a la gente.

La madre recorrió un largo camino hasta llegar a un lugar donde la comida se cocinaba por sí sola sobre un fuego.

—Comida, ¿puedes decirme cómo llegar a la ciudad donde se repara a la gente? —preguntó la madre.

—¿No me vas a comer? Por favor, ¡toma un bocado! —pidió la comida.

—¿Cómo podría comer si mi hija está muerta? No te voy a comer —dijo la madre.

—Muy bien —dijo la comida—. Sigue por ese camino hasta que llegues a un lugar donde el camino se divide a la derecha y a la izquierda. Toma el camino de la derecha y deja el de la izquierda atrás.

La mujer dio las gracias a la comida y se fue por el camino. Siguió caminando hasta que llegó a un lugar donde la carne se asaba por sí sola en el fuego.

—Carne, ¿puedes decirme cómo llegar a la ciudad donde se repara a la gente? —preguntó la madre.

—¿No me vas a comer? Por favor, ¡toma un bocado! —pidió la carne.

—¿Cómo podría comer si mi hija está muerta? No te voy a comer —dijo la madre.

—Muy bien —dijo la carne—. Sigue por ese camino hasta que llegues a un lugar donde el camino se divide a la derecha y a la izquierda. Toma el camino de la derecha y deja el de la izquierda atrás.

De nuevo, la mujer siguió el camino hasta que llegó a una olla donde se mezclaba la fura por sí sola.

—Fura, ¿puedes decirme cómo llegar a la ciudad donde se repara a la gente? —preguntó la madre.

—¿No me vas a comer? Por favor, ¡toma un bocado! —pidió la fura.

—¿Cómo podría comer si mi hija está muerta? No te voy a comer —dijo la madre.

—Muy bien —dijo la fura—. Sigue por ese camino hasta que llegues a un lugar donde el camino se divide a la derecha y a la izquierda. Toma el camino de la derecha y deja el de la izquierda atrás.

La mujer continuó su viaje según las instrucciones que le habían dado y pronto llegó a la ciudad donde se reparaba a la gente. Entró en la ciudad y la gente le preguntó:

—¿Para qué has venido?

—He venido porque la hiena se comió a mi hija y deseo que se repare —dijo la mujer.

—¿Tienes todos sus huesos? —preguntó la gente

—Sí, están aquí en esta cesta.

—Repararemos a tu hija mañana —dijo la gente.

La gente le dio a la mujer un lugar para dormir y por la mañana, le dijeron:

—Por favor, sal y cuida de nuestro ganado.

La mujer fue a la cuadra y dejó el ganado en el pasto. El alimento de este ganado era el fruto del árbol de aduwa. La mujer fue al árbol y recogió todos los frutos maduros y se los dio al ganado. Luego tomó un poco de la fruta no madura para ella y se la comió. La mujer alimentó al ganado con la fruta madura de aduwa todo el día y, al atardecer, lo llevó a casa y lo puso en su cuadra. Tan pronto como el ganado llegó a la cuadra, el toro más grande comenzó a cantar:

Esta mujer es una buena mujer

Nos alimentó con fruta madura todo el día

Y no se guardó nada para sí misma

Esta mujer es una buena mujer

¡Hay que reparar a su hija bien!

La gente del pueblo escuchó la canción del toro y le dijo a la mujer:

—Entra en esa cabaña y duerme bien. Tu hija se te devolverá por la mañana.

En efecto, cuando la mujer se despertó por la mañana, la gente le devolvió a su hija. La madre y la hija se saludaron con mucha alegría y después regresaron a casa juntas.

Ahora bien, la madre no era la única esposa de la casa. Había otra esposa, que estaba celosa porque su hija era fea mientras que la hija de la primera esposa era hermosa. La segunda esposa vio a la primera regresar con su hermosa hija restaurada y cuando la segunda esposa escuchó la historia de lo que pasó, comenzó a planear cómo podría restaurar a su hija también. ¡Quizás hasta podría convertirse en hermosa después de una experiencia así!

La segunda esposa llamó a su hija y la arrojó en un gran mortero. Entonces, comenzó a golpear a su hija con el mortero.

—¡No, madre! ¡No me mates! —suplicó su hija.

Pero la segunda esposa no se detuvo. Golpeó a su hija hasta que murió, después recogió todos los huesos en una cesta y se dirigió a la ciudad donde se reparaba a la gente.

La segunda esposa recorrió un largo camino hasta llegar al lugar donde la comida se cocinaba sola.

—Comida, ¿puedes decirme cómo llegar a la ciudad donde se repara a la gente? —preguntó la segunda esposa.

—¿No me vas a comer? Por favor, ¡toma un bocado! —pidió la comida.

La segunda esposa miró a la buena comida y dijo:

—No hace falta que lo pidas dos veces.

Dicho esto, se comió toda la comida.

Cuando se acabó la comida, la segunda esposa reanudó su viaje. Caminó una y otra vez hasta que llegó al lugar donde la carne se asaba sola.

—Carne, ¿puedes decirme cómo llegar a la ciudad donde se repara a la gente? —preguntó la segunda esposa.

—¿No me vas a comer? Por favor, ¡toma un bocado! —pidió la carne.

La segunda esposa miró a la buena carne y dijo:

—No hace falta que lo pidas dos veces.

Dicho esto, se comió toda la carne.

De nuevo, la segunda esposa siguió el camino hasta que llegó a una olla donde la fura se mezclaba sola.

—Fura, ¿puedes decirme cómo llegar a la ciudad donde se repara a la gente? —preguntó la segunda esposa.

—¿No me vas a comer? Por favor, ¡toma un bocado! —pidió la fura.

La segunda esposa miró a la buena fuera y dijo:

—No hace falta que lo pidas dos veces.

Dicho esto, se comió toda la fura.

Una vez que se había comido toda la fura, la segunda esposa reanudó su viaje. Después de mucho caminar, llegó a la ciudad donde se reparaba a la gente. La gente de la ciudad vio a la segunda esposa entrar con su cesta y le preguntó:

—¿Para qué has venido?

La segunda esposa dijo:

—Es una historia muy triste. Una hiena se comió a mi hija y la he traído aquí para que la reparen.

—¿Tienes todos los huesos? —preguntó la gente.

—Sí, están en esta cesta.

La gente tomó la cesta y dijo:

—Repararemos a tu hija mañana.

Luego le mostraron a la segunda esposa un lugar donde podía pasar la noche. Por la mañana, la gente le dijo a la segunda esposa:

—Por favor, cuida nuestro ganado hoy.

—Muy bien —dijo la segunda esposa y fue a la cuadra para sacar el ganado y llevarlo a los pastos. Cuando llegó al huerto de árboles de aduwa, recogió toda la fruta verde y se la dio al ganado, mientras que ella misma comió de la fruta madura. La segunda esposa alimentó al ganado con la fruta verde de aduwa todo el día y después lo trajo a casa al atardecer. Tan pronto como el ganado llegó a la cuadra, el toro más grande comenzó a cantar:

Esta mujer es una mala mujer

Nos alimentó con fruta verde todo el día

Y se comió toda la fruta madura ella misma

Esta mujer tiene poca moral

¡Hay que reparar a su hija mal!

La gente del pueblo escuchó la canción del toro y le dijo a la segunda esposa:

—Entra en esa cabaña y duerme hasta la mañana. Te traeremos a tu hija al amanecer.

La segunda esposa entró en la cabaña y durmió. Por la mañana, la gente le trajo a su hija. ¡Pero qué horrible era! Le faltaba la mitad de la nariz, tenía un brazo y una pierna. ¡Le faltaba la mitad de todo!

La segunda esposa escondió su disgusto y se fue de camino a casa con su hija. Pero tan pronto como estuvieron fuera de la vista de la ciudad, la segunda esposa gritó:

—¡Tú no eres mi hija! —dijo esto y salió corriendo.

La segunda esposa trató de esconderse en una hierba alta, pero su hija la seguía. Cuando la hija encontró a su madre, le dijo:

—Venga, madre, volvamos a casa.

Pero la segunda esposa dijo:

—¡Tú no eres mi hija! ¡Déjame en paz!

Entonces, la hija respondió:

—Sí, soy tu hija, pero tú no eres mi madre.

Una vez más, la segunda esposa se escapó. Corrió todo el camino a casa y cuando llegó a su cabaña, entró y cerró la puerta. Finalmente, su hija llegó y dijo:

—¡Abre, madre! He vuelto a casa.

La segunda esposa se negó a abrir la puerta o incluso a hablar con su hija. La hija dijo de nuevo:

—¡Abre, madre! He vuelto a casa.

Esta vez la segunda esposa abrió la puerta. La hija vivió con su madre y, durante el resto de sus días, la segunda esposa tuvo que lidiar con la vergüenza de tener a una hija desfigurada mientras que la hija de la primera esposa era hermosa.

La mujer y los niños del árbol de sicomoro *(Masái, Kenia)*

A los masáis de Kenya se les conoce como guerreros feroces y ladrones de ganado. Viven principalmente de la carne y de la leche producidas por su ganado, y son uno de los mayores grupos de personas que viven en Kenya. Su estilo de vida tradicional es nómada, pero en los tiempos modernos, la invasión de sus tierras por pueblos y ciudades, así como las prohibiciones del gobierno de vivir o pastar en las tierras protegidas, ha obligado a muchos de ellos a asentarse en aldeas y a abandonar muchas de sus costumbres tradicionales.

En el cuento con moraleja sobre los peligros de la ingratitud y la ira que se relata a continuación, uno de los personajes es un laibon masái, o curandero. El laibon tiene un lugar importante en la cultura masái y actúa como chamán, curandero y adivino, que puede dar consejos a los que lo necesitan. La historia también se centra en el fruto de sicomoro, un árbol que se lleva cultivando en el Oriente Medio y en la región subsahariana de África desde la antigüedad.

Había una vez una mujer que había vivido una vida larga y difícil. Estaba muy triste porque su vida había sido muy dura. Se preguntaba si quizás la vida le había sido dura porque nunca se había casado ni había tenido hijos.

—Sé lo que haré —se dijo a sí misma—. Iré a pedirle al laibon a que me dé un marido y unos hijos. Tal vez entonces mi vida sea mejor.

La mujer recorrió todo el camino hasta la casa del laibon. Cuando llegó, el laibon dijo:

—¿Qué es lo que quieres de mí?

La mujer respondió:

—He tenido una vida larga y difícil. Creo que es porque nunca me casé ni tuve hijos. ¿Puedes darme un marido y unos hijos, por favor?

El laibon se quedó pensando durante unos momentos y después dijo:

—Puedo darte o un marido o unos hijos. No puedo darte las dos cosas. Debes elegir.

—¡Vaya! —dijo la mujer—. Tenía la esperanza de conseguir las dos cosas, pero si solo puedo tener una, entonces me gustaría tener algunos hijos.

—Muy bien —dijo el laibon—. Si quieres tener hijos, debes escuchar atentamente mis instrucciones y seguirlas al pie de la letra. Primero, debes volver a casa y recoger todas tus ollas. Debes recoger al menos tres, pero si puedes llevar más, eso será aún mejor. Ve al bosque y busca un sicomoro que esté dando frutos. Llena las ollas con toda la fruta que puedan contener y luego pon las ollas en tu casa. Cuando todas las ollas estén llenas y guardadas, debes salir de tu casa y dar un paseo. No vuelvas hasta la puesta del sol.

La mujer dio las gracias al laibon y regresó a casa. Recogió sus ollas, las llenó con fruta de sicomoro y las guardó en su casa. Luego se fue a dar un paseo. Anduvo sin cesar, hasta el atardecer. Después fue de regreso a casa y, cuando se acercó a ella, escuchó el sonido de voces de niños. Su hogar era una maravilla. El kraal estaba limpio, el ganado llevado a pastar, la casa ordenada y la comida se estaba cocinando en el fuego. Una gran multitud de niños de todas las edades la saludaron.

—¡Madre! ¡Madre! —gritaron—. Estamos tan contentos de que estés en casa. ¿Ves? Limpiamos la casa y el kraal y los niños están fuera con el ganado. Lo traerán a casa enseguida.

La mujer se alegró mucho de tener tantos hijos tan buenos. Vivió con ellos muy feliz durante muchos días. Entonces, un día, los niños hicieron algo que disgustó a la mujer. Nadie recuerda lo que hicieron los niños, pero todos recuerdan lo que pasó después. La mujer comenzó a regañar a los niños. Les dijo:

—¡Sois una panda de niños inútiles! ¡No sois más que niños que he sacado de un sicomoro! No sé ni por qué iba a esperar algo mejor de un grupito de niños del árbol.

Los niños no le contestaron. Se quedaron ahí parados con una mirada muy triste. Entonces la mujer salió de la casa. Fue a visitar a unos amigos y pasó el día con ellos. Mientras la mujer no estaba, los niños volvieron al sicomoro, donde se convirtieron de nuevo en fruta.

La mujer volvió a casa y vio que su casa estaba vacía. Llamó a los niños sin cesar, pero no le contestaron. Un golpe de miedo atravesó su cuerpo. Corrió a la casa del laibon y dijo:

—¡Mis hijos han desaparecido! Si vuelvo a poner la fruta de sicomoro en las ollas, ¿volverán?

El laibon dijo:

—No lo sé. Tal vez deberías volver al árbol y ver si te dice qué hacer.

La mujer agradeció al laibon y corrió a casa a buscar sus ollas. Después corrió hacia el bosque. Corrió sin parar hasta que llegó al sicomoro que le había dado a sus hijos antes. Subió al árbol para recoger la fruta que estaba colgada allí, pero la piel de cada fruta que recogió se abría y revelaba un ojo lleno de lágrimas. No importaba de qué parte del árbol cogiera la fruta, siempre tenía un ojo dentro.

Finalmente, la mujer se dio cuenta de que el esfuerzo era inútil. Bajó del árbol, recogió sus ollas y volvió a casa, con lágrimas amargas. Pasó el resto de sus días en la tristeza y el luto, y nunca más intentó recuperar a sus hijos del sicomoro.

Parte IV: La influencia del islam

El relato de una apuesta *(Tigre, Eritrea)*

El pueblo tigre de Eritrea son nómadas que se dedican al pastoreo y abrazan el islam. La influencia árabe en este país de África oriental se puede ver en la historia que se relata a continuación, en la que aparece el personaje Abu Nuwas. A diferencia de los personajes de la mayor parte de los otros cuentos populares, Abu Nuwas (m. 814) fue en realidad un personaje histórico y uno de los grandes poetas de la literatura clásica árabe. Con una reputación algo más grande que la vida misma, Abu Nuwas acabó siendo un personaje embaucador que apareció en el folclore árabe, incluida la colección de Las mil y una noches *y en muchos otros cuentos.*

Los conquistadores islámicos y los comerciantes árabes trajeron estas historias con ellos cuando invadieron la costa oriental de África, por lo que las historias se abrieron camino en el repertorio de cuentos populares de los pueblos africanos que se convirtieron al islam. El papel de Abu Nuwas en estos cuentos suele consistir en engañar a la gente codiciosa y acomodada para mostrarles el error de sus costumbres, lo que hace con una gran habilidad en la historia que se relata a continuación.

Una vez hubo dos hombres que hicieron una apuesta. El primero le dijo al segundo:

—Te daré todo mi ganado si puedes quedarte en el océano toda la noche. Pero si sales del agua antes del amanecer, tienes que darme todo tu ganado.

El segundo dijo:

—Acepto tu apuesta.

El segundo hombre pronto se dio cuenta de que había actuado de una forma muy estúpida. Pensó en lo que tendría que hacer y se asustó mucho. Estaba seguro de que fracasaría y que perdería todo su ganado. Decidió ir a preguntarle a una anciana que era muy sabia. Le contó a la mujer lo de la apuesta y lo que tenía que hacer, y después le preguntó:

—¿Sabe usted cómo podría ganar yo esta apuesta?

—Sí, lo sé —dijo—. Pídele a uno de tus parientes que vaya a la orilla del mar contigo. Dile que encienda una hoguera en la playa de enfrente de donde estarás. No debe dejar que el fuego se apague en absoluto. Mientras estés en el agua, mantén tus ojos fijos en las llamas. Así tendrás menos frío y podrás ganar la apuesta.

El mismo día por la noche, el segundo hombre y su madre bajaron a la playa. La madre encendió un fuego y después el hombre nadó hasta que estuvo en aguas profundas y no pudo tocar el fondo. El primer hombre contrató a vigilantes para que estuvieran en la playa también, para asegurarse de que el segundo hombre no saliera del agua antes del amanecer.

Y así transcurrió la noche, con el segundo hombre en las aguas profundas con solo su cabeza sobre la superficie, mientras que su madre se ocupaba del fuego en la playa y los vigilantes se quedaban esperando para ver si el hombre salía del agua antes de tiempo. Cuando el sol empezó a salir, el hombre nadó de vuelta a la playa y salió del agua. Fue al primer hombre y le dijo:

—He ganado nuestra apuesta. Pasé toda la noche en el océano y salí vivo.

—Tú no has ganado nada —dijo el primer hombre—. Mis vigilantes me dijeron lo que pasó. Estuviste en el agua mirando el fuego toda la noche. Así es como te mantuviste caliente y no moriste.

—¿Cómo pude haberme mantenido caliente? —preguntó el segundo hombre—. Estaba tan lejos del fuego que su calor nunca me llegó. Ahora dame todo tu ganado, porque he ganado nuestra apuesta.

Pero los que escuchaban a los hombres estaban de acuerdo en que como el segundo hombre había estado mirando el fuego, no había ganado la apuesta.

—Esto no servirá —dijo el segundo hombre—. Si no me pagas lo que debes, llevaré nuestro caso ante un juez.

—Me parece bien —dijo el primer hombre, y entonces fueron ante un juez y le contaron su historia.

Cuando los hombres terminaron de contar cada uno su versión de la historia, el juez dijo:

—Me parece que la apuesta se ha perdido, porque el hombre que estaba en el agua miró al fuego toda la noche.

El primer hombre se fue a casa feliz porque pudo conservar todo su ganado, pero el segundo estaba abatido. Renunciar a todo su ganado significaría estar arruinado para siempre.

Finalmente, el segundo hombre tuvo una idea. Fue a ver a Abu Nuwas, que era un hombre muy inteligente y había salido de muchas situaciones malas antes. El hombre le contó a Abu Nuwas su historia y cómo el juez se había puesto del lado del primer hombre.

—Sé exactamente qué hacer —dijo Abu Nuwas y envió un mensajero por todo el país con las invitaciones a un festín para todos. Invitó también al primer hombre de la apuesta, al juez, a la gente que había estado de acuerdo con el primer hombre y a muchos más. Todos esperaban con impaciencia al festín, ya que el mensajero les había dicho que sería especialmente bueno.

Llegó el día del festín, y Abu Nuwas mandó a sus sirvientes a sacrificar ganado y cabras para preparar carnes asadas y guisos y hacer grandes ollas de arroz. Sin embargo, Abu Nuwas dijo:

—No le daréis nada de esta comida a mis invitados hasta que yo os lo diga, ni siquiera el más pequeño grano de arroz o el más pequeño trozo de carne.

La gente vino al festín a la hora indicada y se sentó fuera de la casa de Abu Nuwas a esperar que empezara. El mismo Abu Nuwas, sin embargo, se quedó dentro de su casa y no dijo ni una palabra. Los sirvientes, mientras tanto, prepararon la comida para los invitados, pero no se pusieron a servirlos. La gente podía ver la buena comida, olerla y decían:

—¿Por qué Abu Nuwas no está sirviendo la comida? ¿Qué clase de festín es este?

Pasó mucho tiempo. La gente se volvió muy hambrienta. Pero aun así los sirvientes no les trajeron su comida. Finalmente, cuando el sol estaba a punto de ponerse, la gente pidió a un hombre que sabían que era amigo de Abu Nuwas que entrara y preguntara por qué no empezaba el festín.

El amigo fue adentro y dijo:

—Tus invitados han estado esperando todo el día. Se preguntan por qué no se les ha servido la comida. ¿Qué les digo?

Abu Nuwas dijo:

—Ve a la gente y diles: «Habéis estado oliendo las carnes asadas, los guisos y el arroz todo el día y los habéis visto encima de la mesa. Seguramente eso debería ser suficiente para satisfaceros».

El amigo volvió a salir y le dijo a la gente lo que Abu Nuwas había dicho. La gente se enfadó mucho y dijo:

—Esto no tiene ningún sentido. ¿Cómo podemos estar satisfechos con la comida que está lejos de nosotros? ¿Cómo nos puede satisfacer el olor de la comida cocinada? ¿Cómo nos puede satisfacer el ver la comida cocinada?

Entonces Abu Nuwas salió de la casa y dijo:

—Ahora entendéis que ser capaz de ver u oler algo no es lo mismo que tenerlo. Si no podéis saciar vuestra hambre al ver u oler la comida cocinada, entonces tampoco el hombre que pasó la noche en el mar pudo mantenerse caliente mirando un fuego que estaba en la playa.

La gente se dio cuenta de que Abu Nuwas tenía razón e hicieron que el primer hombre pagara su deuda. Cuando eso se hizo, Abu Nuwas les sirvió comida y bebida a todo el pueblo y después, cuando la fiesta terminó, todos se fueron a casa.

Y así fue como Abu Nuwas usó su astucia para ayudar al segundo hombre a recibir el pago que le correspondía por ganar la apuesta.

Yamil y Yamila *(Bereberes, Libia)*

El término bereberes no se refiere a una cultura en particular, sino que es un término general para un grupo de culturas estrechamente relacionadas del norte de África. Si bien la mayoría de los bereberes viven en asentamientos y practican la agricultura, algunos grupos, como los tuaregs, son principalmente nómadas. En su mayoría, los bereberes practican el islam, aunque también hay una pequeña comunidad judía.

En su edición de esta historia, el autor y el folclorista Andrew Lang señala que la tomó de una colección del lingüista alemán Hans Stumme, que recogió esta y otras historias en el año 1897 en la zona de Trípoli. Stumme se basó en dos informantes, uno de 45 años llamado Sidi Brahim ben Xali et-Tekbali y el otro de 15 años llamado Mhemmed ben Zumxa Brengali.

Este cuento sigue los patrones típicos de los cuentos de hadas en muchas culturas. Un malvado ogro devorador de hombres captura a una joven y la convierte en su sirvienta, después el prometido de la joven viene a rescatarla del castillo del ogro, que se encuentra en una parte remota del desierto, lejos de cualquier asentamiento humano. Los jóvenes logran escapar mediante el uso de los objetos mágicos que la joven roba a su captor. Aunque el joven lucha un poco con algunos de los incidentes que siguen a su fuga, finalmente demuestra su amor por su prometida al honrar su miedo a que la vuelvan a capturar y al hacer lo necesario para mantenerla a salvo, aunque vaya en contra de las tradiciones de su pueblo.

Una vez hubo un hombre llamado Yamil, que tenía una prima llamada Yamila. Se habían prometido en matrimonio desde que eran muy pequeños y ahora que ya eran mayores, Yamil decidió que era el momento de casarse. Yamil, por lo tanto, fue al pueblo más cercano para comprar muebles para su nueva casa. La ciudad más cercana estaba bastante lejos; se tardaba dos o tres días en llegar y otros dos o tres días en volver. Mientras Yamil estaba fuera, Yamila y sus amigas salieron a recoger leña. Mientras recogía ramas, Yamila encontró un mortero de hierro en el suelo. Lo recogió y lo sujetó a la parte superior de su fardo, pero cada vez que intentaba recoger el fardo para llevarlo, el mortero caía al suelo. Entonces, Yamila deshizo su fardo para poner el mortero en el medio.

Justo cuando Yamila comenzó a atar su bulto de nuevo, sus amigas dijeron:

—¿Qué estás haciendo allí? Está oscureciendo y no vamos a esperarte.

—Está bien —dijo Yamila—. Id sin mí. Quiero quedarme con este mortero de hierro que he encontrado. Me iré a casa tan pronto como lo tenga bien atado a mi fardo.

—Muy bien —dijeron las otras jóvenes, que luego regresaron a casa.

Mientras Yamila se esforzaba por amarrar el mortero a su fardo, el sol se ponía. Cuando el último rayo de luz solar había pasado por debajo del horizonte, el mortero de hierro se transformó en un enorme ogro. El ogro levantó a Yamila y la llevó lejos, muy lejos hasta su castillo, todo un mes de viaje desde el pueblo de Yamila.

El ogro puso a Yamila en una sala de su castillo y le dijo:

—No tengas miedo. No sufrirás ningún daño.

Entonces el ogro salió y dejó a Yamila sentada en la sala, donde ella lloraba con lágrimas amargas y temblaba de miedo.

Cuando las otras jóvenes de la aldea volvieron a casa, la madre de Yamila se dio cuenta de que su hija no estaba entre ellas.

—¿Adónde ha ido mi hija? —dijo la madre—. ¿Por qué no regresó con vosotras?

—Ella encontró un mortero de hierro y quiso atarlo bien para llevárselo a casa —dijeron las otras—. Creemos que volverá pronto.

La madre de Yamila corrió hacia el bosque para buscar a su hija y la llamó por su nombre todo el tiempo. Los otros aldeanos la vieron y dijeron:

—¿Por qué no vuelves a casa? Solo eres una anciana; este es un trabajo que los hombres fuertes deberían hacer.

—Sí, agradecería la ayuda —dijo la anciana—, pero voy a ir con ustedes, les guste o no. Es muy probable que mi hija esté muerta. Probablemente le mordió un áspid o tal vez se la comió un león.

Una vez que los hombres comprendieron que la anciana no se quedaría en casa, le dejaron venir con ellos. Juntos se dirigieron al bosque y se llevaron a una de las otras jóvenes para mostrarles dónde había visto a Yamila por última vez.

Pronto llegaron al lugar donde había estado Yamila. Allí encontraron su manojo de palos, pero no se vio ningún rastro de la joven por ninguna parte. La llamaron una y otra vez, pero nadie respondió.

Uno de los hombres dijo:

—Encendamos un fuego. Ella podrá verlo incluso desde lejos y entonces sabrá que la estamos buscando.

Los otros estuvieron de acuerdo en que esta era una buena idea y que mientras ese hombre encendía el fuego, los otros debían ir en diferentes direcciones para ver si podían encontrar a la joven. Buscaron durante toda la noche, pero no encontraron nada. Cuando salió el sol, los hombres le dijeron a la madre de Yamila:

—No podemos encontrarla. Deberíamos irnos a casa. Su hija probablemente se escapó con algún hombre.

—Sí, vayamos a casa —dijo la anciana—, pero primero me gustaría mirar en el río. Tal vez alguien la tiró allí.

Fueron a buscar en el río, pero no había señales de Yamila. Todos regresaron a casa, cansados y llenos de tristeza.

La madre y el padre de Yamila esperaron ansiosos durante cuatro días para tener noticias de su hija, pero nunca llegó ninguna. Al final del cuarto día, la madre de Yamila dijo:

—Yamil volverá a casa pronto. ¿Qué le vamos a decir?

—Le diremos que está muerta —dijo el padre.

—Pero, pedirá ver su tumba y entonces sabrá que algo anda mal

—Mañana mataremos una cabra —dijo el padre—. Enterraremos su cabeza en el cementerio. Llevaremos a Yamil allí y le diremos que esa es la tumba de Yamila.

Al día siguiente, Yamil llegó con una carreta llena de hermosas alfombras y cojines para mostrárselos a su prometida. Fue directamente a la casa de sus suegros, pero tan pronto como cruzó el umbral, el padre de Yamila dijo:

—Yamila ha muerto.

El joven comenzó a llorar a lágrima viva. Durante mucho tiempo, no pudo hacer nada más y no pudo hablar. Cuando finalmente recuperó sus sentidos, preguntó:

—¿Dónde la habéis enterrado? Por favor, llevadme a su tumba.

El padre llevó a Yamil al lugar donde habían enterrado la cabeza de la cabra. Yamil trajo algunas de las cosas hermosas que había comprado para la nueva casa. Las colocó sobre la tumba recién cubierta, y se puso a llorar y a lamentar. Cuando cayó la noche, se llevó todas las cosas a su casa y, cuando amaneció, regresó con las cosas y con su flauta. Durante seis meses, fue cada día a sentarse en lo que pensaba que era la tumba de Yamila con algunos de los regalos que había pensado darle. Alternaba el llanto con la pena, mientras tocaba melodías suaves y lúgubres con su flauta.

En el momento en el que Yamil se había sumido en el dolor, un hombre vagaba por el desierto. El sol estaba muy caliente, el hombre se había quedado sin agua y tenía mucha sed. Vio ante él un gran castillo y pensó que, si tan solo pudiera descansar en la sombra, podría encontrar la fuerza para pedir un poco de agua a quien viviera allí. Se acercó al muro del castillo por el lado de la sombra y se sentó a descansar. La sombra del castillo era tan agradable y fresca que casi se quedó dormido, pero se despertó cuando oyó una voz suave que decía:

—¿Quién eres tú? ¿Eres un fantasma o un hombre vivo?

El hombre miró hacia arriba y vio a una chica que se asomaba a una ventana.

—Soy un hombre —dijo— y probablemente un mejor hombre que tu padre o tu abuelo.

—Te deseo buena suerte —respondió—. Pero, ¿por qué estás aquí? Esta es una tierra de ogros y todo tipo de cosas horribles.

—¿Es esta realmente la casa de un ogro? —preguntó el hombre.

—Sí —dijo la chica—. Y tan pronto como se ponga el sol, el ogro volverá a casa. Si te encuentra aquí, te convertirá en su cena. Tienes que irte de inmediato, porque ya es tarde.

—No llegaré lejos si me voy sin haber bebido algo —dijo el hombre—. He estado viajando todo el día bajo el sol caliente del desierto, ¡y tengo tanta sed! Por favor, dame un poco de agua.

—No puedo hacer eso —dijo la joven—, pero si vas en esa dirección, podrías encontrar un pozo o un manantial. El ogro siempre va en esa dirección cuando quiere conseguir agua para el castillo.

El hombre se levantó y comenzó a alejarse, pero la joven gritó:

—¡Espera! Dime hacia dónde vas.

—¿Para qué necesitas saberlo? —preguntó el hombre.

—Tengo que pedirte un favor, si estás dispuesto a hacerlo, pero necesito saber hacia dónde vas.

—Me dirijo hacia Damasco —contestó el hombre.

—Este es el favor: en tu camino, pasarás por mi pueblo. Pregunta por un hombre llamado Yamil. Dile: «Yamila está viva y te espera. Está cautiva en un castillo en el desierto. Sé valiente».

El hombre prometió llevarle el mensaje y se fue en la dirección que ella le había mostrado. Muy pronto, se encontró con un manantial de agua fresca y clara. El hombre se arrodilló y bebió hasta saciar su sed. Luego se acostó cerca del manantial y durmió un rato.

Cuando el hombre se despertó, se dijo:

—Esa doncella seguramente me hizo bien cuando me indicó el camino hacia este manantial. Estaría muerto si no fuera por ella. Sin duda buscaré su pueblo y le llevaré su mensaje a Yamil.

El hombre viajó durante todo un mes y preguntó en cada aldea por la que pasaba si había un hombre llamado Yamil, pero todos le decían que no había nadie en su aldea con ese nombre. A finales de aquel mes, el hombre llegó a otra aldea. Entró y vio a un hombre sentado frente a una de las casas. El hombre tenía el pelo largo y despeinado, y su barba estaba desgreñada. Mientras el hombre caminaba hacia la casa, el hombre despeinado dijo:

—Bienvenido a nuestro pueblo. ¿De dónde vienes?

—Vengo del oeste y estoy caminando hacia el este —contestó el viajero.

—Entra y cena con nosotros —dijo el hombre despeinado—. Has tenido un largo viaje y debes de tener hambre.

El viajero entró y fue bien recibido por los padres de Yamila y los hermanos de Yamil, que pusieron una comida sobre la mesa. Todos se reunieron alrededor para comer e invitaron al viajero a acompañarlos. Sin embargo, el viajero notó que un miembro de la familia había desaparecido.

—¿Dónde está el hombre despeinado que me invitó a su agradable hogar? —preguntó el viajero—. ¿No va a comer también con nosotros?

—No le hagas caso —susurró uno de los hermanos de Yamil—. Lo hace todas las noches. Ya comerá algo por la mañana.

El viajero siguió con su cena, mientras se preguntaba qué le pasaba al hombre despeinado. De repente uno de los hermanos de Yamil llamó:

—¡Yamil! Ve y tráenos un poco de agua, por favor.

Cuando el viajero escuchó el nombre de Yamil, recordó lo que le había prometido a la joven del castillo.

—¡Yamil! —exclamó el viajero—. ¿Alguien de aquí tiene ese nombre? Me perdí en el desierto y me encontré con un castillo. Había una muchacha en el castillo, que miró por la ventana y dijo...

—¡Shh! —dijo uno de los hermanos—. ¡No dejes que te escuche!

Pero era demasiado tarde. El hombre despeinado se acercó a la mesa y dijo:

—Cuéntame toda tu historia. Cuéntame lo que viste y lo que ella te dijo. Hazlo ahora o te mataré aquí mismo.

—Te lo contaré todo, amigo —dijo el viajero—. Andaba perdido en el desierto y delante de mí vi un castillo. Pensé en descansar a su sombra antes de continuar mi viaje. Mientras estaba sentado de espaldas contra el muro del castillo, una muchacha sacó la cabeza por una ventana encima de mí y me preguntó si yo era un hombre o un fantasma. Le dije que era un hombre y le pregunté si podía darme algo de beber, porque tenía mucha sed. Me dijo que no tenía agua para darme, pero me habló de un manantial que no estaba lejos. También me advirtió que tenía que irme de inmediato, porque el castillo era el hogar de un horrible ogro que podría comerme para su cena. Antes de irme, me preguntó hacia dónde iba. Se lo dije y me pidió un favor. Dijo que tenía que encontrar su pueblo y encontrar a un hombre llamado Yamil que vivía allí, y que cuando lo encontrara, debía decirle, «Yamila está viva y te espera. Está cautiva en un castillo en el desierto. Sé valiente».

Durante un momento prolongado hubo silencio.

Entonces el hombre despeinado, que en realidad era Yamil, dijo:

—¿Es esto cierto? ¿Mi amada está viva?

Toda la familia alegó que Yamila estaba realmente muerta y que la tumba era suya.

—Veremos quién dice la verdad y quién no —dijo Yamil, agarró una pala y se dispuso a ir al cementerio.

—¡Espera! —exclamaron los padres de Yamila—. Te diremos la verdad. Yamila salió a recoger leña, pero no regresó con las otras muchachas. Cuando cayó la noche, fuimos a buscarla, pero no la encontramos en ningún sitio y no volvió a casa. Después de cuatro días, decidimos que lo mejor sería decirte que estaba muerta y preparar una tumba falsa para convencerte de que era verdad. Pero como ahora sabes la verdad, deberías ir a buscarla. Tal vez este hombre vaya contigo como guía; ha estado en el castillo y podrá mostrarte el camino hasta allí.

—Sí —dijo Yamil—, esa es la mejor manera. Preparad comida para mi viaje mientras yo busco mi espada.

—Espera —dijo el viajero—. Yo no quiero ir contigo. Tardé un mes entero en llegar aquí y me queda todavía mucho camino por recorrer.

Yamil dijo:

—Por favor, acompáñame durante tres días para guiarme por el camino correcto. Y después de tres días, cada uno de nosotros puede ir por su propio camino.

—Eso me parece justo —dijo el viajero y así emprendieron su viaje.

Durante tres días, Yamil y su acompañante viajaron desde el amanecer hasta el anochecer y, al atardecer del tercer día, el viajero dijo:

—Ve por ahí y sigue recto hasta que llegues a un manantial. Después sigue en la misma dirección y muy pronto verás el castillo.

—Muy bien —dijo Yamil.

Entonces, los dos hombres se despidieron y se separaron. Yamil siguió viajando durante veintiséis días y, en la tarde del día veintiséis, llegó al manantial.

—Este tiene que ser el manantial del que me habló el viajero —se dijo y después se arrodilló para tomar un largo trago de agua clara y fresca. Cuando su sed se calmó, se acostó junto al manantial y pensó en lo que debía hacer a continuación—. Si este es el manantial —se dijo de nuevo—, entonces el castillo debe de estar cerca. Lo mejor que puedo hacer ahora es descansar y viajar al castillo por la mañana.

Y así Yamil se fue a dormir allí junto al manantial y durmió toda la noche tranquilo.

A la mañana siguiente, Yamil se despertó. Tomó otro gran trago del manantial y salió a buscar el castillo. No pasó mucho tiempo antes de que lo viera surgir de la arena del desierto frente a él.

—Tengo que averiguar cómo entrar —dijo Yamil—. No puedo simplemente llamar a la puerta; seguramente si lo hago, el ogro me agarrará y me comerá para su cena.

Yamil pensó durante un rato más y decidió que lo mejor sería escalar el muro y tal vez entrar por una ventana. Se arrastró hasta el castillo y comenzó a escalar, pero tan pronto como llegó a la parte superior, oyó la voz de una joven que lo llamaba desde arriba y le decía:

—¡Yamil!

Yamil miró hacia arriba y vio a su amada Yamila que se asomaba a una ventana sobre él. Yamil comenzó a llorar de alegría.

—Mi querido amado —dijo la joven—, ¿qué te trae por aquí?

—He venido a buscarte —dijo.

—No —dijo Yamila—, no debías haber venido. Debes irte de inmediato. Si el ogro vuelve a casa y te encuentra aquí, ¡te matará y te comerá!

—No me importa si hay cincuenta ogros en este castillo —dijo Yamil—. No me he afligido tanto tiempo ni he viajado tan lejos solo para perderte de nuevo.

—Si te bajara una cuerda —dijo Yamila—, ¿podrías usarla para subir y entrar por la ventana?

—Por supuesto —respondió el joven.

La joven volvió a su sala. Muy pronto, una ligera cuerda bajó de la ventana. Yamil se agarró a la cuerda. Subió por la cuerda y entró por la ventana. Cuando llegó a la habitación de Yamila, los dos jóvenes amantes se abrazaron con ternura y lloraron de alegría.

—¿Qué haremos cuando el ogro regrese? —preguntó Yamila.

—Tengo un plan —dijo Yamil—. Confía en mí.

Ahora bien, Yamila tenía un gran baúl en su sala, donde guardaba su ropa y algunas otras cosas. Hizo que Yamil se metiera en el baúl y cerró la tapa. Tan pronto como lo hizo, el ogro entró en la sala con una pierna de cordero para Yamila y dos piernas humanas para él mismo.

—¡Huelo el aroma de un hombre! —rugió el ogro—. ¿Dónde está?

—No sé de qué estás hablando —dijo Yamila—. Estamos en medio del desierto. No hay nadie alrededor en kilómetros y kilómetros. ¿Cómo podría un hombre entrar aquí?

Entonces se echó a llorar.

—Vaya —dijo el ogro—, no quise disgustarte. Debo de estar equivocado. Tal vez un cuervo encontró carroña y dejó caer trozos cerca.

—Sí, eso fue lo que pasó —dijo Yamila—. Un cuervo dejó caer algunos huesos el otro día. Se me había olvidado.

—Está bien, entonces —dijo el ogro—. Ve a buscar los huesos y quémalos para que se conviertan en polvo. Luego pon el polvo en un vaso de agua para que yo me los pueda beber. Tráemelos a la cocina. Y, además, tienes que preparar la cena para los dos.

Yamila encontró algunos huesos, los quemó hasta convertirlos en polvo y después puso el polvo en un vaso de agua. Se lo dio al ogro y él se los bebió. Luego se acostó a dormir mientras Yamila cocinaba.

Después de un rato, las piernas de hombre que se estaban asando sobre el fuego comenzaron a cantar:

¡Ogro, no descanses aún!

¡Un hombre está en el baúl!

Y la pierna de cordero respondió:

Ese hombre es tu hermano

Y primo de la que me sostiene en la mano

El ogro dijo somnoliento:

—¿Quién está cantando? ¿Qué es lo que han dicho?

—Era solo un recordatorio para añadir un poco de sal a nuestras cenas —dijo Yamila.

—Entonces, añade un poco de sal.

—Ya lo he hecho.

Entonces el ogro se dio media vuelta y se volvió a dormir.

Tan pronto como el ogro se durmió, las piernas de hombre comenzaron a cantar:

¡Ogro, ogro, no descanses aún!

¡Un hombre está en el baúl!

Y la pierna de cordero respondió:

Ese hombre es tu hermano

Y primo de la que me sostiene en la mano

De nuevo, el ogro preguntó qué decían las voces.

—Necesito añadir pimienta esta vez —dijo Yamila.

—Pues añade la pimienta, entonces —dijo el ogro.

—Ya lo he hecho.

El ogro estaba tan cansado que se dio media vuelta y se volvió a dormir. Por tercera vez las piernas de hombre comenzaron a cantar:

¡Ogro, no descanses aún!

¡Un hombre está en el baúl!

Y la pierna de cordero respondió:

Ese hombre es tu hermano

Y primo de la que me sostiene en la mano.

De nuevo, el ogro se despertó de su sueño.

—¿Qué es lo que dice esta vez? —preguntó el ogro.

—Dice que la comida ya está lista.

—Muy bien —dijo el ogro—. Porque tengo mucha hambre. Por favor, sírveme la comida.

Yamila alimentó al ogro con las piernas de hombre, troceó el cordero para ella y escondió un poco para dárselo a Yamil más tarde.

Cuando el ogro terminó de comer, se lavó las manos y le dijo a Yamila que fuera a su habitación y le preparara la cama. Yamila lo hizo, les dio la vuelta a las sábanas y sacudió la almohada. El ogro se metió en la cama y Yamila lo arropó. Entonces Yamila preguntó:

—Padre, ¿por qué siempre duermes con los ojos abiertos?

El ogro frunció el ceño.

—¿Para qué lo preguntas? ¿Estás pensando en hacer algo que no deberías?

—¡No, no! —dijo Yamila— Yo nunca haría eso. Ni siquiera sabría por dónde empezar y seguramente no tendría éxito.

—De acuerdo, pero ¿para qué quieres saberlo?

—Bueno —dijo Yamila—, anoche me desperté en medio de la noche. Todo el castillo brillaba con una luz roja. Me asustó, así que quise saber de dónde venía y si tú también la viste.

El ogro se rió:

—Oh, hijita mía, no tienes que tener miedo de eso. La luz roja se enciende cuando estoy profundamente dormido.

—Bien entonces —dijo Yamila—. Me alegro de que no sea nada que pueda hacernos daño. Pero, ¿puedo preguntar para qué es el alfiler, el que guardas junto a tu cama?

—El alfiler se convierte en una montaña de hierro si lo tiro delante de mí.

—¿Y la aguja de zurcir hace algo especial?

—Pues sí —dijo el ogro—. Se convierte en un gran lago.

—¿Y tu hacha de guerra? —preguntó Yamila.

—El hacha de guerra se convierte en un seto de espinas tan grueso y con espinas tan largas que nadie puede esperar atravesarlo —El ogro entrecerró los ojos y miró a Yamila de una manera sospechosa—. ¿Pero por qué me haces todas estas preguntas? Me hace pensar que estás tramando algo y eso me haría enfadar mucho.

—Solo quería saber para qué son. Los veo aquí todo el tiempo, pero parece que nunca los usas. Y de todos modos, ¿a dónde iría? ¿Quién me encontraría aquí en medio del desierto?

Y entonces Yamila empezó a llorar.

—Por favor, no llores —dijo el ogro—. Solo estaba bromeando.

—Está bien —dijo Yamila mientras se secaba las lágrimas—. Ahora me iré a dormir. Buenas noches, padre.

—Buenas noches.

Yamila volvió a su sala y cerró la puerta. Dejó salir a Yamil del baúl.

—¡Vamos! —dijo Yamil—. ¡Salgamos de aquí ahora mismo!

—No, espera —dijo Yamila, se acercó a la puerta y la abrió por una rendija—. ¿Ves esa luz amarilla? Significa que el ogro no está dormido todavía.

Yamil y Yamila esperaron una hora. Entonces Yamila abrió la puerta de nuevo. Entonces, vio que había una luz roja, que lo alumbraba todo.

—¡Mira! —dijo—. Esa luz roja significa que el ogro está dormido. ¿Cómo vamos a escapar?

Yamil dijo:

—Usaremos la cuerda con la que subí. Te bajaré a ti primero y después te seguiré.

—Sí, ese es un buen plan —dijo Yamila—. Prepara la cuerda y yo voy a conseguir otras cosas que podrían ayudarnos.

Mientras que Yamil preparaba la cuerda, Yamila fue de nuevo a la sala de dormir del ogro. En silencio tomó el alfiler, la aguja de zurcir y el hacha, y después corrió tan rápido como pudo hacia su sala. Le entregó los objetos a Yamil y le dijo:

—Guarda estos objetos en tus bolsillos. No los pierdas. Puede que los necesitemos más tarde.

—Muy bien —dijo Yamil.

Entonces ató la cuerda alrededor de Yamila y la bajó. Cuando ella ya estaba a salvo en el suelo, desató la cuerda y Yamil también la usó para bajar. Entonces ambos huyeron del castillo tan rápido como pudieron.

Ahora bien, el ogro estuvo dormido durante todo este tiempo. No escuchó a Yamila cuando entró en su sala y tomó sus cosas. No oyó nada cuando los dos amantes bajaron por la pared. Pero el ogro tenía un perro fiel que se dio cuenta de que Yamila había escapado. Corrió a la sala del ogro y le dijo:

—¿Por qué estás durmiendo? Yamila se ha escapado y está huyendo.

Como respuesta, el ogro le dio una patada al perro, se dio la vuelta y se volvió a dormir. Por la mañana, el ogro se despertó y llamó a Yamila como de costumbre, pero no hubo respuesta. El ogro subió a la habitación de Yamila y la encontró vacía. Rugió con ira, luego bajó, se puso su armadura y tomó su espada. Llamó a su perro y salió en busca de los dos amantes.

Mientras Yamil y Yamila corrían, Yamila miraba por encima de su hombro de vez en cuando para ver si el ogro los seguía. Durante mucho tiempo, no vio nada, pero poco después del amanecer, miró hacia atrás y, a lo lejos, vio al ogro y a su perro persiguiéndolos.

—¡El ogro nos está persiguiendo! —dijo Yamila.

Yamil miró hacia atrás y dijo:

—Yo no veo nada.

—Está ahí, a lo lejos. Parece tan pequeño como una aguja y tiene a su perro con él.

Los dos amantes comenzaron a correr aún más rápido, pero incluso así, el ogro se les adelantó. Cuando estaba casi a punto de alcanzarlos, Yamila dijo:

—¡Dame el alfiler, deprisa!

Yamil le dio el alfiler, que ella tiró hacia atrás. Instantáneamente una montaña de hierro se levantó entre ellos y el ogro.

—¡No importa! —rugió el ogro—. ¡Romperemos este hierro en pedacitos y después os atraparemos!

El sonido del ogro y su perro cavando y golpeando el hierro llenó el aire mientras Yamil y Yamila redoblaban su ritmo. Pronto el ogro y su perro atravesaron la montaña y una vez más casi alcanzaban a los amantes.

—¡Yamil! —gritó Yamila—. ¡Rápido, tira el hacha de guerra hacia atrás!

Yamil sacó el hacha de su bolsillo y la lanzó hacia atrás por encima de su hombro. Instantáneamente surgió detrás de ellos un seto de espinas tan gruesas que nadie podía atravesarlas.

—Puede que no sea capaz de atravesar este seto —rugió el ogro—, pero puedo hacer un túnel por debajo.

El sonido de su excavación llenó el aire mientras los dos amantes corrían sin parar. Dentro de lo que parecía un momento, el ogro y su perro estaban al otro lado del seto y se acercaban cada vez más a la pareja.

—¡Yamil! —gritó Yamila—. ¡Tira la aguja de zurcir!

Yamil sacó la aguja de zurcir de su bolsillo y la lanzó por encima de su hombro. Instantáneamente se formó un gran lago entre los jóvenes y sus perseguidores.

—¿Creéis que un poco de agua puede detenerme? —rugió el ogro—. ¡Mi perro y yo beberemos este lago hasta secarlo y después os atraparemos!

El ogro y su perro comenzaron a beber el agua del lago. Pronto el perro había bebido tanto que estalló y murió. El ogro se dio cuenta de que no era capaz de terminar toda el agua por sí mismo, así que gritó:

—¡Yamila! ¡Que tu cabeza se convierta en la de un burro! ¡Que tu pelo se convierta en el de un burro!

Yamil se volvió para mirar a su prima y se encontró con una extraña criatura a su lado. Llevaba la ropa de Yamila, pero tenía la cabeza y el pelaje de un burro y, en lugar de manos y pies, tenía pezuñas. Yamil dio un paso atrás horrorizado y dijo:

—Nunca fuiste mi prima. ¡Siempre fuiste una pequeña criatura que en realidad era un burro!

Dicho esto, Yamil huyó de esa criatura y fue de camino hacia a su propio pueblo.

Yamila estuvo vagando por el desierto sola durante dos días y lloraba todo el tiempo. Mientras tanto, Yamil casi había llegado a su pueblo. No podía dejar de pensar en lo que había pasado. Empezó a sentirse avergonzado de sí mismo por haber abandonado al burro.

—¿Y si realmente ese burro era Yamila? —se dijo—. ¿Y si el hechizo del ogro ha desaparecido? No puedo dejarla sola en el desierto.

Yamil regresó para buscar a su prima. Después de un tiempo, la encontró, todavía con la cabeza y el pelaje de un burro, posada sobre una roca y rodeada de lobos. Yamil ahuyentó a los lobos y ayudó a su prima a bajar de la roca.

—Bueno, casi te matan —dijo Yamil—. Esos lobos te habrían devorado si yo no hubiera aparecido.

Yamila miró a su primo.

—Esos lobos no se habrían acercado a mí, si me hubieras llevado a casa.

—¡Pensé que eras una bruja! —dijo Yamil—. ¡Te convertiste en un burro, justo delante de mis ojos!

—Sí, me convertí en un burro —dijo Yamila—, porque el ogro me hechizó.

—¿Qué esperabas que hiciera? —dijo Yamil—. ¿Qué habría dicho la gente si hubiese vuelto a casa con una criatura que es mitad mujer, mitad burro y dijera: «Mirad, he rescatado a Yamila»?

—¿Y qué vas a hacer ahora? —preguntó Yamila.

—No lo sé.

—¿Por qué no me llevas a casa por la noche? Solo llévame a la casa de mi madre y yo me ocuparé del resto.

Esperaron junto a las rocas hasta que el sol se había puesto y después regresaron a la aldea. Cuando llegaron, fueron a la casa de la madre de Yamila y llamaron a la puerta.

—¿Quién es? —preguntó la madre.

—Soy yo, Yamil.

La madre abrió la puerta y Yamil dijo:

—Encontré a Yamila y la he traído a casa.

La madre miró al pequeño burro y dijo:

—¿Desde cuándo soy la madre de un burro? Esa no es mi hija. Tienes que irte ahora mismo. Esto es una estupidez.

—¡Silencio! —dijo Yamil—. ¿Es que quieres despertar a todo el pueblo? Este burro es realmente Yamila. Ella está bajo un hechizo.

Yamila se echó a llorar.

—Madre, de verdad que soy yo. ¿No me reconoces?

—¿Recuerdas que Yamila tenía dos cicatrices? —preguntó Yamil.

—Sí, tenía una en el muslo por una mordedura de perro —dijo la madre— y la otra en el pecho por una quemadura con aceite de lámpara que sufrió cuando era pequeña.

Yamila se quitó la ropa y le mostró las dos cicatrices a su madre. Cuando la madre vio que realmente era su hija, la abrazó con alegría y ambas lloraron.

—Hija —dijo la madre—, ¿quién te ha hecho esto?

—Fue el ogro, madre —dijo Yamila—. Me capturó cuando estaba en el bosque recogiendo leña y me retuvo en su castillo. Entonces Yamil me rescató, pero el ogro me hechizó mientras nos escapábamos.

—Me alegro mucho de que estés en casa y a salvo, pero ¿qué le vamos a decir a la gente? —dijo la madre.

—Escóndeme aquí en tu casa —dijo Yamila—. Y Yamil, si alguien pregunta si me encontraste, sigue pretendiendo que sigo perdida. Yo me encargaré del resto.

La madre escondió a Yamila en su casa y Yamil regresó con su familia.

—¡Bienvenido a casa! —dijo el padre de Yamil—. ¿Encontraste a tu prima?

—No, ni rastro. La busqué por todas partes.

—¿Qué pasó con el hombre que fue contigo? —preguntó el hermano de Yamil.

—Después de tres días tuve que dejarle marchar. Era un inútil. Probablemente ya ha llegado a su propia casa. Busqué por todos los castillos que encontré, pero no había rastro de Yamila en ninguna parte.

—Bueno —dijo el padre de Yamil—. Probablemente se la llevó un ogro que se la comió para su cena. No hay mucho que se pueda hacer al respecto.

Incluso después de que Yamil repitiera esta historia muchas veces, la gente seguía preguntándole si iba a ir a buscar a Yamila de nuevo y él siempre decía que no lo iba a hacer.

—Muy bien, entonces —dijeron sus amigos y familiares—, tendremos que encontrarte a alguien más para que sea tu esposa. Hay muchas chicas hermosas en este pueblo que estarían encantadas de casarse contigo. Elige una.

Pero todas las veces, Yamil decía que no tendría a nadie más por esposa que a su prima. La gente del pueblo empezó a pensar que estaba loco.

—Saliste y compraste todos esos muebles, y ahora están sin usar. ¡Elija a otra chica! ¡Cásate y sé feliz!

—Nunca me casaré con nadie más que con mi amada Yamila —dijo Yamil—. ¡Dejad de preguntarme!

Pasaron tres meses. Entonces un día un comerciante se acercó al castillo del ogro. Fue a sentarse a la sombra del muro y el ogro lo encontró allí.

—¿Qué haces cerca de mi castillo? —preguntó el ogro.

El hombre se puso de pie y empezó a temblar de miedo.

—Por favor, señor, solo soy un comerciante. ¿Lo ve? Este es mi paquete de mercancías. Vendo ropa.

—No tengas miedo —dijo el ogro—. No te comeré. Al menos no por ahora. Necesito tu ayuda.

—¿Qué quiere que haga? —preguntó el comerciante.

—Ve en esa dirección —dijo el ogro— y después de unos días, llegarás a un pueblo. Toma este peine y este espejo, pregunta a la gente del pueblo si conocen a una joven llamada Yamila y a un joven llamado Yamil. Cuando encuentres a la joven, dale el peine y el espejo y dile: «Tu padre el ogro te ordena que te mires en este espejo y se te devolverá tu propio rostro. Después peina tu pelaje con este peine y tu cuerpo volverá a ser como antes».

—Haré todo lo que me diga —dijo el comerciante.

—Así me gusta —dijo el ogro—, porque si no lo haces, te comeré seguro.

Después de un largo viaje, el comerciante llegó al pueblo de Yamila. Se sentó en cuanto encontró un buen sitio, porque estaba cansado, hambriento y muy, muy sediento. Yamil se acercó a él sentado allí y le dijo:

—Deberías alejarte del sol. Te dará una insolación si te quedas allí.

—Sí, gracias —dijo el comerciante—, pero he estado viajando durante todo un mes y estoy demasiado cansado, hambriento y sediento para moverme ahora mismo.

—¿De dónde vienes?

El comerciante señaló en dirección al castillo del ogro.

—De ahí —dijo.

—¿Has visto algo interesante en tus viajes? —preguntó Yamil.

—Sí. Llegué a un castillo y el ogro que estaba allí me pidió que buscara a una joven llamada Yamila y a un joven llamado Yamil. ¿Esta gente vive aquí?

—¡Yo soy Yamil! ¿Qué es lo que quiere el ogro?

—Me dio regalos para que se los diera a la joven —dijo el comerciante.

—Ven conmigo —dijo Yamil y guió al comerciante a la casa de sus tíos.

Cuando llegaron, la madre de Yamila preguntó:

—¿Quién es este hombre y qué es lo que quiere?

—Soy un comerciante, señora, y busco a una joven llamada Yamila. Un ogro me envió a buscarla. Me pidió que le diera este peine y este espejo.

—Se trata de un truco —dijo la madre—. Seguramente ese ogro solo está tratando de hacerle más daño a mi hija.

—No estoy seguro de que sea un truco —dijo Yamil—. Creo que deberíamos intentarlo.

La madre de Yamila llamó a su hija de su escondite y le habló del comerciante. Yamila fue al comerciante y le dijo:

—Escuché que el ogro te ha enviado para que me entregues algunas cosas.

—Sí —dijo el comerciante. Me envió con este peine y este espejo, y me dijo que yo debía decirte que tu padre el ogro te envió esto y que tú tenías que mirarte en el espejo y peinar tu pelaje con el peine y que, si lo hacías, te convertirías en lo que solías ser.

Yamila tomó el espejo, se miró en él y se peinó su pelaje con el peine. Cuando terminó, en lugar de una criatura que parecía un burro, había una hermosa joven. La madre y el primo de Yamila se alegraron mucho al ver a la joven restaurada. Pronto, se corrió la voz en el pueblo de que Yamila había regresado. Todo el mundo quería saber cuándo había vuelto, pero todo lo que decía Yamila era:

—Yamil me trajo, pero no quise revelarme de inmediato. Quería esperar al momento adecuado.

Entonces Yamil les dijo a sus padres, hermanos y suegros:

—Celebremos la boda hoy mismo. Hemos esperado tanto tiempo, pero ahora que Yamila está aquí podemos casarnos.

Los aldeanos prepararon una hermosa litera para llevar a la novia a su nuevo hogar, pero Yamila no quería montar en ella.

—¿Y si el ogro me ve? —dijo—. Seguramente vendrá y me secuestrará de nuevo.

Los hombres del pueblo dijeron:

—No dejaremos que se te acerque. Somos muchos y todos tenemos espadas.

—No importa cuántos seáis o lo afiladas que sean vuestras espadas —dijo Yamila, ese ogro es despiadado y astuto. Lo conozco.

Un anciano dijo:

—Deberíamos escucharla. Si no va en la litera a su nueva casa, que vaya andando.

Los otros hombres protestaron porque el ogro no podía llevársela de nuevo, pero Yamila no se dejaba influenciar. No se montaría en la litera ni caminaría. Enseguida pareció que estallaría una discusión, pero Yamil dijo:

—Si tiene demasiado miedo de dejar esta casa, entonces viviré aquí con ella. Seguiremos adelante con el banquete de bodas y Yamila se sentirá segura y cuidada.

Y así Yamil y Yamila se convirtieron finalmente en marido y mujer, y vivieron juntos en gran paz y felicidad hasta el fin de sus días.

Segunda Parte: Dioses egipcios

Una fascinante guía de Atum, Horus, Set, Isis, Anubis, Ra, Thoth, Sejmet, Geb, Hathor y otros dioses y diosas del antiguo Egipto

Introducción

Es tentador ver la antigua religión egipcia como algo relativamente estático, con un solo panteón cuya naturaleza y actividades no cambiaron a lo largo de los tres mil años del período dinástico. Sin embargo, nada está más lejos de la realidad. A lo largo de la historia egipcia, vemos que los dioses que habían sido favorecidos fueron dejados de lado o sus roles fueron alterados para dar paso a dioses cuyos cultos se hicieron más populares, mientras que los cambios políticos, como la conquista de Egipto por Alejandro Magno, introdujeron intercambios culturales y religiosos que afectaron las prácticas religiosas nativas egipcias y también tuvieron un impacto en las creencias religiosas de Grecia y Roma.

La fluidez se incorporó a la estructura de la propia religión egipcia. Muchos dioses y diosas tenían relaciones especiales con otras deidades, a menudo asumiendo aspectos de esos dioses, de tal manera que se creó una nueva deidad sincrética. Vemos esto especialmente con el dios Amón y la diosa Bastet. La asociación de Amón con el dios del sol, Ra, creó la deidad sincretizada Amón-Ra, y de esta forma, Amón se convirtió en la deidad suprema de Egipto durante el Nuevo Reino. Bastet, por otra parte, no se combinó con una segunda deidad, sino que fue vista como el avatar tranquilo y afectuoso de la diosa con cabeza de león Sejmet, que una vez se desató y trató de matar a toda la humanidad. Sejmet, a su vez, era considerada una manifestación violenta de la diosa con cabeza de vaca, Hathor.

La sincretización no era la única forma en que se establecían o cambiaban las relaciones entre las deidades egipcias. Por ejemplo, a veces puede ser difícil establecer qué deidad era la consorte o el hijo de qué otro dios o diosa, ya que estas agrupaciones podían cambiar según el lugar y el período de tiempo. Por ejemplo, el dios Khnum, que tenía sus principales centros de culto en el sur de Egipto, cerca de la fuente del Nilo, se convirtió en el esposo de las diosas Satis, Menhit y Neit, mientras que el dios Jonsu era adorado como hijo de Amón y Mut en el sur de Egipto, como hijo de Ptah y Sejmet en el norte, o como hijo de Hathor y Sobek en el Templo de Kom Ombo en el centro de Egipto.

La importancia del vínculo familiar para los antiguos egipcios se refleja en su preferencia por hacer colecciones de deidades que representen agrupaciones familiares. Por ejemplo, la Enéada Heliopolitana (Nueve Dioses) representaba a cuatro generaciones de la misma familia. Sin embargo, más comúnmente, estas agrupaciones eran de una sola familia nuclear de dos padres y un hijo, usualmente conocida como "tríada". Aunque un templo puede estar dedicado a un solo dios como Horus, ese templo no dejó de incluir tanto a la consorte del dios como a su hijo o hija aunque, como se ha mencionado anteriormente, exactamente qué deidades se agruparon en qué tríadas pueden variar dependiendo del período histórico y la ubicación.

Hay múltiples mitos de la creación del antiguo Egipto, y la historia de la creación que una persona en particular aceptó como cierta podría depender de su procedencia. Por ejemplo, los principales centros religiosos de Hermópolis, Tebas y Menfis tenían cada uno su propio mito de creación, y aunque algunas deidades, como Thoth, pasan de una cosmogonía a la otra, estos relatos son en gran medida independientes unos de otros. Las tres ciudades mencionadas anteriormente eran todas grandes e importantes, pero el estatus no era necesario para que un lugar tuviera su propio dios creador y su propio mito de creación. Lo vemos con el dios con cabeza de carnero Khnum, cuyos principales centros de culto estaban lejos de las sedes del poder, y que era considerado como el creador del universo por la gente que lo adoraba en sus santuarios en la isla de Elefantina y en Esna.

Debido a que los faraones eran considerados como los hijos de una deidad (de forma variada Horus el Joven o Amen-Ra, dependiendo del período histórico), la religión egipcia estaba estrechamente aliada con la política. El faraón tenía el poder de crear y dotar templos para la adoración de los dioses, y los particulares entusiasmos religiosos de un faraón podían causar cambios en las creencias y prácticas religiosas nacionales. Vemos este tipo de cambios especialmente durante el Nuevo Reino. Por ejemplo, cuando el faraón Amosis I derrotó a los hicsos invasores, que se habían apoderado de Egipto, afirmó que su victoria era el resultado del favor de Amón. A partir de entonces, los faraones se declararon hijos de Amón-Ra. Esto causó un aumento en la popularidad del culto de Amón, para el cual se construyó el vasto complejo del templo de Karnak. De manera similar, durante el reinado de los Ptolomeos, el interés en la diosa Isis aumentó el número de devotos de su culto, que se extendió más allá de las fronteras de Egipto hasta Grecia y Roma.

Los faraones también podían cambiar (o al menos intentar cambiar) la práctica religiosa por decreto. El faraón Akenatón es quizás el más conocido por esto, habiendo declarado prohibido el culto tradicional en favor de su propio sistema monoteísta centrado en el dios sol Atón. La herejía de Akenatón fue muy resentida por su pueblo y no duró más que su propio régimen; sus reformas fueron revertidas por su hijo, Tutankamón.

Sin embargo, los cambios instituidos por otros monarcas tenían un poder de permanencia considerablemente mayor. Esto fue particularmente cierto en la creación de Ptolomeo I de la nueva deidad Serapis. Serapis era considerado el consorte de Isis y era una sincretización del dios Osiris y el toro Apis. Tenía algunas características griegas y fue un intento por parte del faraón griego de crear similitudes entre griegos y egipcios que vivían bajo su gobierno.

Debido a que el panteón egipcio es vasto, aunque se dejen de lado las deidades sincretizadas, no es posible que este volumen presente un panorama completo de la religión y el mito del antiguo Egipto. En su lugar, se discuten aquí solo un número selecto de deidades y conceptos. Algunas de ellas son deidades más conocidas, mientras que otras podrían no ser tan familiares para los lectores modernos. Sin embargo, este libro aún ofrece un fascinante vistazo a la religión y la cultura del antiguo Egipto y la riqueza que era la vida en el antiguo Egipto.

Cronología del Antiguo Egipto

Esta breve línea de tiempo de la historia del antiguo Egipto incluye notas sobre los personajes históricos que son bien conocidos o se mencionan en el texto. Las fechas son fechas de reinado a menos que se indique lo contrario.

Periodo	Dinastías	Fechas
Periodo Arcaico	1-2	aprox. 3000-2650 ACE

Hor-Aha (Sin fechas definidas)

Antiguo Reino	3-8	aprox. 2650-2135 ACE

Zoser, segunda mitad del siglo XXVI ACE (fechas inciertas)
Kefrén, 2558-2532 ACE
Unas, 2375-2345 ACE
Teti, 2345-2323 ACE
Pepy I, 2321-2184 ACE

Primer periodo intermedio	9-11	aprox. 2135-2040 ACE
Reino Medio	11-14	aprox. 2040-1650 ACE

Amónemhat I, 1985-1955 ACE
Sesostris I, 1965-1920 ACE

Sesostris III, 1880-1855 ACE

Amónemhat III, 1855-1808 ACE

Periodo Hicsos/ Segundo periodo intermedio	15-17	aprox. 1650-1550 ACE
	Los hicsos eran invasores extranjeros, posiblemente de Asia occidental	
Nuevo Reino	18-20	aprox. 1550-1080 ACE

Amosis I, 1550-1525 ACE

Thutmose II, 1492-1479 ACE

Hatshepsut, 1479-1458 ACE

Thutmose III, 1479-1425 ACE

Thutmose IV, 1479-1390 ACE

Amenofis III, 1390-1352 ACE

Amenofis IV / Akhenaten, "El Rey Hereje", 1353-1336 ACE

Tutankamón, 1336-1327 ACE

Ramesés II, r. 1279-1212 ACE

Periodo Tardío	21-31	aprox. 1080-332 ACE

En el período tardío se produjeron repetidas incursiones de gobernantes externos:

25º Dinastía (780-656 ACE): Gobernantes kushitas

TAHARQA, 690-664 ACE

27º Dinastía (525-404 ACE): Gobernantes persas

28º-30º Dinastía (404-341 ACE): Faraones egipcios

NECTANEBO II, 360-342 ACE

31º Dinastía (342-332 ACE): Retorno del dominio persa

Alejandro el Grande (332-323 ACE)

| Periodo Ptolemaico | 323-30 ACE |

Gobernado por los griegos macedonios después de la muerte de Alejandro

Ptolomeo I Sóter, 305-285 ACE

Cleopatra VII Filopátor, 51-30 ACE

| Periodo Romano | 30 ACE-395 d. C. |

Egipto anexado como parte del Imperio romano

Augusto, 31 ACE-14 d. C.

Tiberios, 14-37 d. C.

Calígula, 37-41 d. C.

Vespasiano, 69-79 d. C.

Adriano, 117-138 d. C.

Amón (Ammón, Hámmōn)

Amón es un excelente ejemplo de las complejidades de la religión egipcia, en las formas en que la religión cambió a través del tiempo, en cómo se vinculó a la práctica local, y las formas en que se intersectó y fue afectada por la política en el período dinástico. Las dos primeras manifestaciones de Amón fueron en Tebas y Hermópolis. En Tebas, Amón funcionó como el principal dios creador de la ciudad, habiendo suplantado a un dios anterior llamado Montu, mientras que en Hermópolis, era una de las ocho deidades de los Ogdóada, una colección de cuatro deidades masculinas y cuatro femeninas que crearon el universo y que se consideraban personificaciones de varios conceptos abstractos importantes como la oscuridad o el infinito. En Hermópolis, Amón, junto con su consorte Amonet, era considerado la personificación de la ocultación, ya que su nombre significa literalmente "escondido" o "invisible". Como tal, estaba asociado con el aire y el viento.

Hay varias versiones del mito de la creación Hermopolita, que se discute en el capítulo sobre el Ogdóada más adelante. La cosmogonía tebana utiliza el tema del huevo cósmico, que tiene en común con algunas versiones del mito Hermopolita. En el mito de Tebas, Amón sale del huevo no creado que se encuentra en el montículo primitivo; después de que esto ocurre, pasa a crear el resto del mundo. Tebas afirmó con orgullo que la ciudad fue construida sobre este montículo primitivo, afirmándose así como el centro de la creación y el lugar de la primera aparición de Amón.

En Tebas, Amón se combinó con la deidad solar Ra, creando un dios todopoderoso llamado Amón-Ra. Otras sincretizaciones de Amón lo unieron con Min, el dios de la fertilidad y la virilidad, y con Ptah, otro dios creador cuyo principal centro de culto estaba en Menfis. Sin embargo, fue como Amón-Ra en la ciudad de Tebas que Amón ganó su mayor importancia, tanto en términos de culto religioso como en sus conexiones con el poder político egipcio.

Amón ganó prestigio e importancia, y como Amón-Ra, eventualmente se convirtió en el principal dios de Egipto durante el Nuevo Reino. Una de las razones del ascenso de Amón de un dios local secundario de la ciudad de Tebas a una deidad nacional y todopoderosa fue la derrota de los hicsos por Amosis I. Los hicsos eran inmigrantes en Egipto que gradualmente pudieron tomar un considerable poder político, especialmente en la parte sur del país, donde se encuentra Tebas. El período de gobierno de los hicsos se conoce como el Segundo Período Intermedio. Cuando Amosis I derrotó a los hicsos y los expulsó de Egipto, afirmó que su victoria se debió al favor de Amón, dándole un considerable impulso en popularidad y poder, permitiendo que Amón suplantara a Montu, un dios de la guerra que había sido la principal deidad de Tebas hasta ese momento.

Como deidad nacional, se decía que Amón era el marido de Mut, una diosa del cielo, y el padre de Jonsu, el dios de la luna. Juntas, estas tres deidades eran conocidas como la Tríada de Tebas, y eran adoradas en el enorme complejo de templos de Karnak, uno de los más grandes y elaborados centros religiosos del antiguo Egipto.

El recién sincretizado dios de Tebas, Amón-Ra, recibió el papel de padre del faraón, un cambio con respecto a tiempos anteriores en los que se pensaba que el faraón era hijo de Horus. El historiador Samuel Kramer señala que, bajo esta apariencia, Amón-Ra comenzó a asumir muchas de las características que ahora se asocian generalmente con el concepto de Dios tal como se elucida en la Biblia.[1] Al igual que Dios, Amón-Ra fue visto como un ser no creado que, a través de su propio poder ilimitado, creó el universo. Amón-Ra también subyugó a los otros dioses bajo su poder, era invisible y estaba en todas partes, y fue capaz de manifestarse de varias maneras a la humanidad.

Vemos este concepto de Amón-Ra como el todopoderoso y único dios verdadero en un himno escrito para Pinedyem II, el sumo sacerdote de Amón-Ra desde el 990 al 969 AEC:

> Este venerable dios, Señor de todos los dioses, Amón-Re, Señor del trono o tronos de las dos tierras, el que reside en el que reconoce los tronos.
>
> Venerable manifestación que surgió en el principio, Gran Dios que vive de la Verdad, el primer Primitivo que engendró los dioses primitivos, de los cuales surgieron todos los demás dioses.
>
> El Único, que creó lo que existe en el primer comienzo de la tierra. Misterioso de nacimiento, de numerosas apariciones, cuyas manifestaciones no se conocen.
>
> Venerable Poder, amado y temido, rico en apariencias, Señor de la Fuerza, poder creador, de cuya forma surgió toda forma, aquel que surgió primero en la existencia, aparte de quien nada existe.

---

[1] Samuel Noah Kramer, *Mythologies of the Ancient World* (Garden City: Doubleday, 1961), 47.

Aquel que dio luz a la tierra, por primera vez con el disco. Luz, Radiante, cuando aparece, los hombres viven. Cuando navega por el cielo, no está cansado, por la mañana temprano su trabajo ya está arreglado.[2]

Aunque podemos ver cómo el carácter de Amón-Ra resuena con el del Dios bíblico en este himno, también podemos ver algunas de las formas en que Amón-Ra permanece distinto. Amón-Ra puede haber sido el dios supremo de los egipcios, pero no era el único dios, y su aspecto como dios del sol permanece intacto, como vemos en el último verso, que se refiere específicamente a la salida del sol ("el disco") y su curso a través del cielo durante el día.

Como el dios supremo de Egipto, Amón-Ra fue el orgullo de la construcción del gran complejo de templos en Karnak. Aunque la construcción del complejo del templo comenzó en el Reino Medio durante el reinado de Sesostris I, la mayor parte fue construida durante el Reino Nuevo por el faraón Amenofis III. El templo de Amón en Karnak está considerado como una de las estructuras religiosas más grandes del mundo, y su sala hipóstila (un área sin techo hecha de múltiples pilares colosales) y las gigantescas columnas de papiro con incrustaciones jeroglíficas que conducen a la entrada son imágenes inmediatamente reconocibles para muchas personas hoy en día.

Esta elevación de Amón-Ra a dios supremo tuvo repercusiones políticas, tanto por el culto más extendido de Amón-Ra como por el símbolo del poder temporal visible de su culto en Karnak. Aunque muchos otros templos a Amón-Ra fueron construidos en esta época, la magnificencia y el tamaño del templo de Karnak le dieron un estatus considerable. El otro factor en el ascenso político

---

[2] Traducción en Alexandre Piankoff, trans., y Natacha Rambova, ed., *Mythological Papyri: Texts* (New York: Pantheon Books, 1957), 18.

del culto fue la alianza del sacerdocio de Amón-Ra con la monarquía.

Esta alianza comenzó con la derrota de los hicsos. Como Samuel Kramer observa, cuando Amosis I atribuyó su victoria a Amón, se encadenó efectivamente a sí mismo y a sus sucesores con una deuda de gratitud que se expresó a través de la concesión de tierras, tesoros y esclavos al sacerdocio de Amón como signos tangibles del agradecimiento del rey por la protección de Amón.[3] Como con tantos esfuerzos que parecían una buena idea en ese momento, el enriquecimiento del sacerdocio de Amón-Ra resultó ser desastroso para los faraones, porque desvió el poder de la monarquía y se lo dio a los sacerdotes. El sacerdocio de Amón-Ra se convirtió efectivamente en hacedores de reyes porque, como informa Kramer,

> el papel del dios como padre del rey dio a los sacerdotes una fuerza considerable para seleccionar y apoyar a un candidato particular para la realeza... Así, al expresar o retener la aprobación divina, los sacerdotes de Amón-Re [*sic*] podían asegurar que su candidato fuera exitoso.[4]

A través de su vasta riqueza y control religioso sobre quién podía sentarse legítimamente en el trono, el sacerdocio de Amón funcionaba de muchas maneras como los gobernantes de facto de Egipto en el momento de Amenofis III.

Sin embargo, no solo los herederos varones del trono afirmaron ser los hijos de Amón-Ra. Cuando la Reina Hatshepsut asumió el título de faraón a la muerte de su esposo, Tutmosis II, hizo que se creara un mito oficial que afirmaba que su nacimiento había sido ordenado nada menos que por el propio Amón-Ra. En el mito,

---

[3] Kramer, *Mythologies of the Ancient World*, 124.

[4] Kramer, *Mythologies of the Ancient World*, 124.

Amón-Ra le dice a la compañía reunida de los dioses que quiere hacer una reina para gobernar todo Egipto. Envía a Thoth a buscar una mujer para que sea la madre de esta gran reina, y cuando la encuentran, Amón-Ra la impregna, y así Hatshepsut es concebidq. Pero Amón-Ra no ha terminado; encarga al dios Khnum, el dios con cabeza de carnero de las inundaciones del Nilo, que haga el cuerpo y el alma de Hatshepsut en su torno de alfarero. En este proyecto, Khnum es ayudado por la diosa Hekt, una diosa de la fertilidad también asociada con las inundaciones del Nilo. Así, no solo Hatshepsut era la hija de Amón-Ra, sino que su cuerpo y su alma fueron creados por los dioses por orden de Amón-Ra.

Hatshepsut necesitaba este mito para promover la legitimidad de su gobierno, porque originalmente tomó el trono no como heredera directa del faraón sino como la reina viuda regente de su hijo pequeño, que más tarde se convirtió en Tutmosis III. Con Hatshepsut, vemos cómo un gobernante puede manipular el poder del culto de Amón-Ra para promover sus propias ambiciones políticas, lo cual es muy diferente a la situación de los faraones posteriores, quienes esencialmente estaban bajo la influencia de los sacerdotes de Amón-Ra.

Alejandro Magno fue otro gobernante que aprovechó la popularidad de Amón-Ra para legitimar su propio gobierno. Cuando Alejandro conquistó Egipto en el año 331 AEC, afirmó que era hijo de Amón-Zeus, una sincronía del dios supremo griego Zeus con el egipcio Amón. Amón también fue adoptado por los romanos como Ammón-Júpiter.

El principal desafío al poder de Amón-Ra y sus sacerdotes vino durante el gobierno de Amenofis IV. A veces conocido como el "rey hereje", Amenofis cambió su nombre por el de Akenatón en el quinto año de su reinado y comenzó una serie de reformas religiosas radicales destinadas a cambiar todo el culto a una sola deidad solar, Atón. Las reformas de Akenatón se discuten en detalle en el capítulo sobre Atón más abajo.

El culto nacional de Amón se debilitó un poco a causa de las reformas de Akenatón, y siguió disminuyendo durante el siglo X a. C., aunque su culto siguió siendo importante en Tebas. Amón fue eclipsado particularmente durante el período ptolemaico, cuando Isis y Serapis se convirtieron en un foco central de culto no solo en Egipto sino también en muchas comunidades de Grecia y Roma. El culto a Amón no se borró por completo hasta que el cristianismo se estableció como una religión estatal a mediados del siglo quinto EC.

Anubis (Anpu, Inpw)

Con su cabeza de chacal negro posada sobre el cuerpo de un hombre, Anubis es una de las deidades del antiguo Egipto más fácilmente identificable. Algunas representaciones de este dios lo muestran sosteniendo el ankh, o símbolo de la vida, en una mano y un bastón en la otra, mientras que otras imágenes lo muestran atendiendo el cuerpo muerto de un faraón. Esta asociación con la muerte y la decadencia es una de las principales características de Anubis. De hecho, su nombre en egipcio, *Anpu*, significa literalmente "decadencia" ("Anubis" es la forma griega del nombre), y es posible que el uso de la cabeza de chacal como uno de los atributos de este dios sea una referencia a la tendencia de los chacales a hurgar en los cementerios y otros lugares donde se encuentran los cadáveres.

Aunque Anubis siempre fue considerado como un dios de la muerte y los muertos, su posición dentro de la religión egipcia se alteró con el tiempo. Durante la Primera Dinastía, Anubis era el dios principal de los muertos, pero esto cambió durante el Reino Medio, cuando el culto a Osiris ganó popularidad y Osiris fue elevado a dios supremo de los muertos y señor del Duat, el antiguo inframundo egipcio. Anubis pudo haber perdido su trono ante

Osiris, pero no perdió su importancia; en cambio, su papel pasó de gobernante de los muertos a embalsamador y juez.

Los mitos que rodean los orígenes y el linaje de Anubis también cambiaron con el tiempo. En algunos mitos tempranos, se dice que Anubis es hijo del dios del sol Ra y hermano de Osiris, Isis, Neftis y Set, ya sea de la diosa del cielo Nut o de la diosa con cabeza de vaca Hesat. En mitos posteriores, se le considera hijo de Neftis, que engañó a Osiris para tener relaciones sexuales con ella. Este cambio probablemente tuvo que ver con la creciente importancia del culto a Osiris y la necesidad de incorporar a Anubis en un nuevo marco mítico y religioso que se centraba en Osiris, más que en Anubis, como el dios de los muertos.

Uno de los principales deberes de Anubis en el Duat era juzgar las almas para ver si eran o no dignas de la vida eterna. Cuando el alma de un difunto se presentaba ante Anubis, Anubis sopesaba su corazón contra la pluma de la verdad. El difunto tenía que jurar que había vivido una buena vida llena de buenas acciones. Si la persona decía la verdad, el corazón pesaría menos que la pluma, y se le permitiría entrar en los placeres de la vida después de la muerte. Si la persona mentía, sin embargo, el corazón pesaría más que la pluma, y la persona estaría condenada a la destrucción al ser devorada por Ammit, una diosa con cabeza de cocodrilo, los cuartos delanteros de un león y los cuartos traseros de un hipopótamo.

Anubis era también el dios del embalsamamiento, un papel que se hizo importante tras el surgimiento del culto a Osiris. Cuando Isis encuentra el cadáver de Osiris, Anubis la ayuda a embalsamarlo y a envolverlo en envolturas de lino. La otra parte del proceso de embalsamamiento era la preservación del estómago, los intestinos, los pulmones y el hígado, que se colocaban en frascos de barro, alabastro u otros materiales duros y no porosos. Estos frascos a veces tenían tapones tallados o moldeados a semejanza de los dioses que tenían la responsabilidad de cuidar estos órganos, que se creía que la persona fallecida recuperaba después de la muerte. Esta tradición de preservar los órganos también proviene del mito de Osiris, ya que Anubis recibió los órganos de Osiris después de su muerte.

Al igual que otros dioses del panteón egipcio, Anubis fue absorbido por las prácticas religiosas grecorromanas durante el período ptolemaico. Anubis se sincretizó a menudo con el dios griego Hermes, que tenía la tarea de conducir las almas al Hades. De esta manera, Anubis adquirió una función como guía de almas además de sus otros deberes como embalsamador, juez de los muertos y protector de tumbas y cementerios.

Entre los antiguos escritos egipcios que mencionan a Anubis se encuentran los Textos de las Pirámides, que son inscripciones dentro de una serie de pirámides del Antiguo Reino que fueron construidas para cinco faraones y algunas de sus esposas. Estos textos, que conservan los hechizos y oraciones destinados a resucitar al ocupante de la tumba de entre los muertos y guiarlo a la vida eterna, sitúan a Anubis en diversos papeles con respecto a los difuntos. Algunos de los hechizos sugieren que el muerto se convertiría en Anubis de alguna manera, mientras que otros se refieren a los deberes del dios como embalsamador, guía y transformador de almas. A continuación, algunos ejemplos de la tumba del faraón Pepy I:

> ¡Despierta por Horus, levántate contra Set! Levántate como Osiris, como el akh [alma] que es el primer hijo de Geb, y toma tu posición como Anubis en el santuario.[5]
>
> Así, [Pepy] saldrá al cielo, con las puntas de sus alas como las de un gran pájaro. Sus entrañas han sido lavadas por Anubis, y el

---

[5] James P. Allen, *The Ancient Egyptian Pyramid Texts* (Atlanta: Society of Biblical Literature), 105.

servicio de Horus en Abidos -la purificación de Osiris -ha sido realizado.[6]

Anubis, el primero de los dioses, ha ordenado que desciendas como una estrella, como el dios de la mañana.[7]

Tu akh es sobre [ti, padre Osiris Pepy], como una ofrenda del rey que existirá para ti como una que Anubis hizo para ti.[8]

En estos textos, es el propio Anubis quien embalsama al faraón y lo transforma en un ser divino, un proceso que incluye al faraón asumiendo la identidad de Anubis para sí mismo. La última sección del texto también sugiere que el alma del faraón, probablemente en su estado resucitado, es algo creado específicamente para el faraón por Anubis.

Sin embargo, Anubis tenía una presencia y una función fuera de los textos funerarios y los entierros reales. "La historia de dos hermanos", un cuento popular egipcio del Nuevo Reino, cuenta la historia de Anubis y Bata, hermanos que inicialmente viven juntos en la misma casa, junto con la esposa de Anubis. En esta historia, Bata actúa como pastor y trabajador en la tierra de Anubis. Todo va bien hasta que la esposa de Anubis intenta seducir a Bata. Cuando Bata rechaza sus avances, ella finge que él la ha agredido. Anubis inicialmente cree la historia de su esposa, y Bata apenas escapa con vida. Como parte de su juramento a Anubis de que dice la verdad, Bata se corta el pene y lo tira al río. Luego corre hacia el desierto, donde construye una casa para sí mismo. Coloca su corazón en la copa de un árbol de acacia que crece cerca.

---

[6] Allen, *Pyramid Texts*, 158. Abidos se refiere a la antigua ciudad egipcia con ese nombre, donde se encontraba una necrópolis real. El inserto entre corchetes es mío.

[7] Allen, *Pyramid Texts*, 168.

[8] Allen, *Pyramid Texts*, 195. Inserto entre corchetes en el original.

Los dioses ven que Bata vive solo y le proporcionan una esposa. Bata le dice que no salga de la casa, porque el mar la desea y se la arrebatará. Cuando la esposa desobedece a Bata, el mar intenta secuestrarla, pero la mujer corre demasiado rápido y se las arregla para volver a la casa a salvo. Mientras la mujer huye, el mar le dice al árbol de acacia que la agarre, pero el árbol solo logra conseguir un mechón de su pelo, que cae al agua.

El pelo flota río abajo hasta el lugar donde los lavanderos del faraón están lavando. La ropa del faraón capta el olor del perfume de la esposa de Bata, y el faraón ordena que le traigan a la mujer. Cuando llega, se convierte en la esposa del faraón, y pronto le cuenta al faraón lo del árbol de acacia que contiene el corazón de Bata. El faraón ordena que el árbol sea destruido. Cortar el árbol mata a Bata.

Anubis es alertado de la muerte de Bata por ciertas señales. Anubis entonces va a buscar a su hermano y encuentra el cadáver de Bata en la cama de su casa. Bata le había dicho a Anubis que su corazón debía ser almacenado fuera de su cuerpo, así que Anubis va a buscarlo. Después de una larga búsqueda, encuentra el corazón y lo devuelve al cuerpo de Bata, lo que le devuelve la vida. Bata se transforma en un toro mágico y le dice a Anubis que lo lleve a la corte del faraón.

La ex esposa de Bata, que aún vive en la corte real como esposa del faraón, se entera de que su marido se ha transformado en un toro y quiere vengarse de ella, así que organiza el sacrificio del toro y lo corta en pedazos. Sin embargo, sus planes se ven frustrados cuando dos gotas de la sangre del toro caen fuera de las puertas del templo. De esta sangre, brotan dos árboles, uno de los cuales acusa a la mujer de traición mientras está sentada a su sombra.

La ex esposa de Bata hace que los árboles sean derribados y cortados en pedazos, pero una astilla del árbol que le habló entra en su boca y la impregna. Por segunda vez, Bata es traído de vuelta de entre los muertos, ya que el niño nacido por la ex esposa de

Bata es el mismo Bata, que se convierte en faraón. La historia termina con Bata juzgando a su ex esposa y haciendo a Anubis su heredero.

Aunque Bata era un dios del Nuevo Reino por derecho propio, es fácil ver los paralelismos entre su historia y el mito del Osiris moribundo y resucitado, así como entre el papel de Anubis en esta historia y sus funciones en otras partes del mito egipcio. Bata claramente juega el papel de Osiris; su pene cercenado termina en un río, y es devuelto a la vida después de haber muerto a través de las ministraciones de Anubis. Al igual que Osiris, Bata queda prisionero en la madera de un árbol, y más tarde se le devuelve a la vida por segunda vez, después de lo cual llega al poder como el señor de la tierra.

Así como las aventuras de Bata representan el viaje de Osiris de la vida a la muerte a la resurrección a la realeza, también Anubis mantiene su tradicional papel funerario en este cuento. Es el deber de Anubis encontrar y atender el cuerpo de Bata muerto y devolverlo a la vida a través de su magia colocando el corazón de Bata de nuevo en su cuerpo. Esto es paralelo al trabajo de Anubis ayudando a embalsamar al Osiris muerto, devolviéndole así la vida. Anubis también actúa como una especie de guía para Bata cuando Bata toma la forma de un toro, y cuando Bata entra en su autoridad como faraón, a Anubis se le da un papel importante como príncipe heredero del reino, al igual que a Anubis se le dio una importante autoridad en el Duat bajo el reinado de Osiris.

La asociación de Anubis con la muerte y el juicio, así como la imponente imagen de su cabeza de chacal negro y su cuerpo musculoso, a menudo lleva a la gente moderna a verlo como un dios temible y potencialmente violento. Sin embargo, como hemos visto, el antiguo pueblo egipcio no veía a Anubis de esa manera. Para los antiguos egipcios, Anubis era un dios que cuidaba tiernamente de los muertos y cuyos dones y poder permitían a las almas de los justos entrar en la vida eterna.

Atón (Aten, Atonu)

El dios Atón se identificaba con el disco solar y se consideraba un dios creador que hacía todas las cosas y que sostenía el universo con su poder. Debido a que la palabra egipcia "aten" significa "disco", este dios es a veces llamado "el Aten" o "el disco del sol". Las primeras representaciones de Atón lo muestran como un hombre con cabeza de halcón, pero eventualmente Atón llegó a ser representado como el sol emitiendo muchos rayos o como un disco con las alas extendidas. Estas representaciones reflejan la comprensión de Atón como un dios de la luz que está en todas partes, que no puede ser definido por una forma particular, y cuyo *ba*, o esencia espiritual, no puede ser representada por un animal terrestre.

El culto a Atón se asocia más comúnmente con el reinado del faraón Amenofis IV, que tomó el nombre de Akenatón y que intentó elevar el culto a Atón por encima de todos los demás. Sin embargo, la adoración del disco del sol como un dios todopoderoso comenzó en realidad antes de que Akenatón tomara el trono. Como afirma el egiptólogo George Hart, "El culto a Atón no fue una innovación repentina por parte de un rey, sino el clímax de una búsqueda religiosa entre los egipcios de un dios benigno sin límites de poder y que se manifestara en todos los países y en todos los fenómenos naturales".[9]

La transferencia real de Akenatón del culto a Amón-Ra al culto a Atón, no solo como la deidad principal sino como el único dios de Egipto, tuvo algunas de sus raíces en los cambios religiosos y políticos que habían tenido lugar cientos de años antes, con la derrota de los hicsos por parte de Amosis I y la elevación del culto a Amón-Ra, lo que a su vez aumentó enormemente el poder de los sacerdotes de Amón-Ra. Declarar a un dios diferente como el patrón supremo y principal del faraón tuvo el efecto de destripar la autoridad del sacerdocio de Amón-Ra y devolver a los faraones parte de su poder perdido.

La primera mención de Atón como un concepto divino, si no como una deidad separada por derecho propio, se remonta al Reino Medio. Encontramos esto en un antiguo cuento egipcio conocido como "La historia de Sinuhé", una narración en primera persona supuestamente escrita por un funcionario de alto rango en la corte del faraón. Al principio de la narración, Sinuhé anuncia la muerte del faraón de la Duodécima Dinastía, Amónemhat I, que murió en 1955 AEC. Sinuhé dice, "Él [el faraón] penetró en el cielo, uniéndose al disco solar [el de Atón], el cuerpo de Dios se mezcló con el de aquel que lo hizo".[10]

El aumento de la reverencia hacia Atón como un ser divino separado, en lugar de como un concepto divino o avatar del dios sol Ra, es un fenómeno de los primeros tiempos del Nuevo Reino. Tutmose IV evidentemente vio a Atón como un dios por derecho propio, ya que "durante su gobierno un texto histórico en la parte inferior de un escarabajo menciona a Atón a la vanguardia del

---

[9] George Hart, *A Dictionary of Egyptian Gods and Goddesses* (London: Routledge, 2000), 37.

[10] William Kelly Simpson, ed., *The Literature of Ancient Egypt: An Anthology of Stories, Instructions, Stelae, Autobiographies, and Poetry* (New Haven: Yale University Press, 2003), 55. Las inserciones entre corchetes son mías.

ejército del faraón en batalla, un papel comúnmente dado a Amón".[11] El sucesor de Tutmosis, Amenofis III (padre de Akenatón), parece haber tenido una devoción personal por Atón, aunque no descuidó el culto más tradicional de Amón-Ra. Al parecer, Amenofis III no vio ninguna contradicción entre su devoción a Amón-Ra y su culto a Atón, ya que las pruebas de su reverencia por el primero incluyen la construcción del gran templo de Amón-Ra en Karnak. Las pruebas de su devoción a la segunda incluyen la autorización de la construcción de un templo a Atón en Heliópolis (literalmente "Ciudad del Sol"), tomando el nombre de Tekhen-Atón ("Resplandor de Atón") como uno de sus muchos epítetos, y nombrando a su barcaza real *Aten-Tjehen* ("Disco del Sol Brillante").

Se dejó al hijo de Amenofis III, Amenofis IV (más tarde Akenatón) para que diera los siguientes pasos en el desarrollo del culto a Atón. Este proyecto comenzó en el quinto año del reinado de Amenofis IV. Uno de sus primeros pasos fue cambiar su nombre de uno que significa "Amón está contento" a uno que significa "Útil para Atón". Ese movimiento fue muy significativo en sí, porque quitó el foco de atención a la reverencia a Amón-Ra como dios supremo del estado y progenitor de los faraones y en su lugar alió el trono con una deidad relativamente nueva cuyo estatus palideció en comparación con el de Amón-Ra, tanto en términos políticos como religiosos.

Una de las acciones de Akenatón para elevar el culto a Atón fue trasladar la residencia real de Tebas a una nueva ciudad llamada Ajetatón, que significa "Horizonte de Atón". La construcción de la ciudad comenzó en el quinto año del reinado de Akenatón y se completó unos años más tarde. Ajetatón estaba situada en el centro de Egipto en lo que hoy es Amarna, a medio camino entre la antigua ciudad de Tebas al sur y Memphis al norte en la

---

[11] Hart, *Dictionary*, 38.

desembocadura del Delta del Nilo. Ajetatón contaba con dos nuevos templos a Atón, uno pequeño y otro grande, así como con viviendas para el faraón, su familia y su corte. También se proporcionaron viviendas a varios nobles, que consideraban prudente y de categoría superior vivir cerca del faraón, y a los diversos administradores y funcionarios del Estado egipcio y de los templos sagrados de Atón.

El culto a Atón tenía lugar todos los días. Akenatón oficiaba como sumo sacerdote, aunque había otros sacerdotes menores también dedicados al servicio de Atón. En algunas ocasiones, la Reina Nefertiti y otras mujeres de la realeza participaban en los servicios de culto. Los templos de Atón se diferenciaban de los dedicados a otros dioses en que los templos de Atón no tenían techo, para que la luz del sol pudiera brillar en el santuario.

En la época de Akenatón, la representación de Atón con una forma mixta humano-animal había sido abandonada hace mucho tiempo en favor de una representación del sol y sus rayos, una representación que es, en cierto modo, más abstracta que las representaciones de otras deidades egipcias, ya que evita la antropomorfización en favor de una imagen del poder solar -y, por lo tanto, divino-. Lo vemos en un importante relieve del Gran Templo de Akenatón, que muestra a Akenatón, Nefertiti y su hija Meritaten sosteniendo frondas de papiro mientras ofrecen culto a Atón, que se representa como un disco del que salen rayos para el faraón, su esposa y su hijo. Algunos de los rayos terminan en manos humanas que se preparan en un gesto de bendición, mientras que otras manos sostienen el ankhs, el símbolo egipcio de la vida, que significa el poder vivificante de Atón.

Cuando Akenatón construyó su nueva ciudad y sus nuevos templos, tenía la intención de que marcaran el comienzo de una nueva era en la que Atón no solo era el dios supremo sino también el único dios, que era venerado tanto en sí mismo como en su manifestación en la persona del rey. La adoración de Amón-Ra estaba prohibida, así como la devoción a Osiris. Los templos a los antiguos dioses estaban cerrados, y su riqueza e ingresos se dedicaban en cambio al culto de Atón. Por ello, a veces se considera a Akenatón como un monoteísta primitivo, pero la opinión de los estudiosos está dividida sobre el grado en que el atonismo era, de hecho, una fe monoteísta.

Además de construir templos y encargar obras de arte que mostraban a Akenatón venerando a Atón, Akenatón también escribió un himno al sol. Los himnos a los dioses siempre habían sido una parte importante de la práctica religiosa egipcia, por lo que la escritura de un himno no era nada nuevo en sí misma. Lo que sí era nuevo, sin embargo, es la forma en que Akenatón describe a Atón y la relación del creyente con él. Algunos estudiosos han comparado el himno de Akenatón con el Salmo 104, que alaba de forma similar al Dios de los israelitas y enumera sus actos creativos. A continuación se presentan algunos extractos del himno de Akenatón, junto con los pasajes pertinentes del Salmo 104 de la Nueva Versión Internacional:

Himno de Akenatón[12]	**Salmo 104**
Te elevas en perfección en el horizonte del cielo,	El Señor se envuelve en la luz como con una prenda;
viviendo a Aten, que determina la vida.	extiende los cielos como una tienda de campaña
Siempre que te levantes en el horizonte oriental	y coloca los rayos de sus cámaras superiores sobre sus aguas.
llenas todas las tierras con tu perfección.	Hace de las nubes su carroza
Eres atractivo, grande, brillante, en lo alto de cada tierra;	y cabalga sobre las alas del

---

[12] Kelly, *Literature of Ancient Egypt*, 279–80, 283.

tus rayos abrazan las tierras hasta donde todo lo que has hecho.

. . . .

Siempre que te pones en el horizonte occidental,

la tierra está en la oscuridad a manera de muerte.

Duermen en una habitación con las cabezas bajo las mantas,

y un ojo no puede ver a otro.

. . . .

Cada león sale de su cueva y todas las serpientes muerden,

porque la oscuridad es una manta.

La tierra está en silencio ahora, porque Aquel que los hace

está en reposo en su horizonte.

. . . .

viento.

Hace de los vientos sus mensajeros,

llamas de fuego de sus sirvientes. (vv. 2-4)

Hizo la luna para marcar las estaciones,

y el sol sabe cuándo se va a poner.

Si traes la oscuridad, se convierte en noche,

y todas las bestias del bosque merodean.

Los leones rugen por su presa

y buscan su alimento en Dios. (vv. 19-21)

Toda la tierra realiza su trabajo:

todos los rebaños están contentos con su forraje,

los árboles y las plantas crecen,

los pájaros vuelan hasta sus nidos,

sus alas extendidas en alabanza a tu *Ka*.

Todos los kines brincan sobre sus pies;

todo lo que vuela y se posa,

viven cuando te levantas por ellos.

Las barcazas navegan río arriba y río abajo también,

porque todos los caminos están abiertos en tu ascenso.

Los peces del río saltan ante tu cara

cuando tus rayos están dentro del mar.

. . . .

La tierra surge a la existencia por tu mano,

y lo haces.

Cuando te levantas, ellos viven;

cuando te pones, mueren.

¡Cuántas son tus obras, Señor!

Con sabiduría las hiciste todas;

la tierra está llena de tus criaturas.

Está el mar, vasto y espacioso,

repleto de criaturas más allá del número...

cosas vivas tanto grandes como pequeñas.

Allí los barcos van de un lado a otro,

y el Leviatán, que formaste para jugar allí.

Todas las criaturas te miran

para darles su comida en el momento adecuado.

(vv. 24-27)

Cuando se lo das,

lo recogen;

cuando abres la mano,

están satisfechos con las cosas buenas.

Cuando escondes tu cara,

> están aterrorizados;
>
> cuando les quitas el aliento,
>
> mueren y vuelven al polvo.
> (vv. 28-29)

....

La ferviente devoción personal de Akenatón por Atón no fue suficiente para lograr la revolución religiosa que tanto deseaba. El atonismo no logró avanzar mucho entre la población egipcia, que se resintió por la pérdida de su religión tradicional y que agradeció que el heredero de Akenatón, Tutankamón, reviviera el culto a Amón-Ra, Osiris y los otros dioses que habían sido venerados por los egipcios durante milenios. Durante esta restauración, los antiguos templos fueron reabiertos y los sacerdocios restaurados, y la ciudad de Ajetatón fue destruida por orden real. Akenatón fue tratado como hereje, y su nombre fue borrado de las inscripciones.

Las opiniones modernas sobre Akenatón son muy variables. Algunos autores y eruditos lo han visto de la misma manera que sus compatriotas, como un hereje cuyo fervor religioso bordeaba la manía. Otros, sin embargo, lo han visto como un reformista sincero que deseaba reemplazar un sistema politeísta por uno dedicado a una única deidad suprema. Quienes defienden esta última opinión tratan a veces de alinear la fe de Akenatón con el cristianismo, tratando de demostrar que Akenatón se adelantó a su tiempo y que sus reformas fueron una mejora. Sin embargo, la mayoría de los eruditos de hoy en día están de acuerdo en que las comparaciones del atonismo con otras religiones monoteístas deben hacerse con cuidado para evitar tanto la creación de falsos paralelismos entre el atonismo y otras religiones como para evitar la suposición de que el monoteísmo es de alguna manera superior a otras expresiones religiosas.

Además de recibir una importante atención académica, el faraón Akenatón también ha capturado la imaginación de los artistas y músicos modernos. Una importante obra de arte es la ópera *Akhnaten* del compositor minimalista americano Philip Glass. *Akhnaten* fue escrita en 1983, y su libreto se basa en parte en antiguos textos egipcios y en parte en un conjunto de cartas en acadio que se encontraron en las ruinas de Ajetatón. Otras partes del libreto están en hebreo bíblico. Cada representación de la ópera incluye una puesta en escena del "Himno al Sol" de Akenatón, que siempre se canta en el idioma del público de ese momento. La acción de la ópera comienza con el funeral de su padre, Amenofis III. La ópera sigue el curso de la vida de Akenatón, desde su coronación hasta su propia muerte y entierro.

La producción de 2016 de la Ópera Nacional Inglesa, que fue revivida en 2018 y 2019, incluía la compañía de malabarismo de Gandini. El malabarismo de la compañía con pelotas y garrotes de varios tamaños estaba destinado a ser un símbolo de algunos de los temas de la ópera, y estaba programado para encajar y representar el flujo de la música.

Atum (Tum, Tem, Atem, Temu)

Como uno de los principales dioses creadores del antiguo Egipto, se dice que Atum emergió en el montículo primigenio que se encontraba en las aguas primitivas, que se personificaba como el dios Nun. El nombre de Atum significa algo así como "todo" o "completo". Su primer acto de creación fue hacer a Shu, el dios del aire, y a Tefnut, la diosa de la luz. Una versión de la historia dice que Atum los hizo de su semen, mientras que otra dice que Shu fue hecha de la saliva de Atum y que vomitó a Tefnut para que existiera. De Shu y Tefnut vinieron Geb, el dios de la tierra, y Nut, la diosa del cielo. Los hijos de Geb y Nut eran Isis, Osiris, Neftis y Set. Juntos, Atum y sus descendientes son conocidos como la Enéada, las deidades primarias adoradas en Heliópolis, una antigua ciudad cerca de lo que hoy es El Cairo. El egiptólogo Stephen Quirke señala que antes del Nuevo Reino, Atum y la Enéada eran considerados más ampliamente como las principales deidades creadoras en todo Egipto.[13]

Como muchos otros dioses, Atum se identificó rápidamente con el dios del sol Ra, y fue frecuentemente venerado como Atum-Ra.

---

[13] Stephen Quirke, *Exploring Religion in Ancient Egypt* (Chichester: John Wiley & Sons, 2015), 137.

Sin embargo, Atum también tenía su propio papel independiente con respecto a la teología solar. Los antiguos egipcios personificaban al sol como diferentes deidades dependiendo de la hora del día. En este sistema, Atum era el sol poniente, mientras que Ra era el sol del mediodía y Khepera era el sol naciente.

La conexión entre Atum y la luz está claramente dibujada en el mito del Ojo de Ra y la creación de los seres humanos. En este mito, Shu y Tefnut se separan de Atum en la inmensidad de Nun, por lo que Atum envía su Ojo a buscarlos. Mientras el Ojo está lejos, a Atum le crece uno nuevo. Cuando el primer Ojo regresa triunfante con Shu y Tefnut, Atum llora de alegría, y de sus lágrimas se crean los seres humanos. El primer Ojo se pone celoso del segundo, así que Atum le da al primero un lugar de honor convirtiéndolo en el disco solar y poniéndolo sobre su cabeza.

Además de sus papeles como creador y como aspecto del sol, se pensaba que Atum a veces tomaba la forma de un icneumón (mangosta egipcia). La autora Margaret R. Bunson afirma que esto se debió a la capacidad de la mangosta para matar serpientes venenosas sin sufrir daño y porque comía huevos de cocodrilo.[14]

---

[14] Margaret R. Bunson, *Encyclopedia of Ancient Egypt*, rev. ed. (New York: Facts on File, Inc., 2002), 177.

Bastet (Bast, Boubastis, Pasht)

Diosa de la fertilidad y la maternidad, protectora del faraón, e identificada con el Ojo de Ra, la diosa con cabeza de gato Bastet fue conceptualizada originalmente como una deidad con cabeza de león y a menudo se alineaba con Sejmet, otra diosa con cabeza de león. De hecho, Bastet y Sejmet a veces eran tratados como dos facetas diferentes de la misma deidad. Debido a la asociación de Bastet con Sejmet, ella también estaba vinculada con la diosa con cabeza de vaca Hathor, que se transformó en Sejmet y destruyó a la humanidad por orden de Ra.

En su forma de cabeza de gato, Bastet (también conocida como Bast) suele ser representada con cuerpo de mujer, vestida con un vestido de lino y llevando un sistro (un tipo de sonajero) y una caja o tarro. Tanto el significado real como la pronunciación del nombre de Bastet siguen sin estar claros. La egiptóloga Geraldine Pinch sugiere que significa algo así como "La del frasco de ungüentos", porque Bastet se asociaba con ungüentos y perfumes.[15]

Bastet fue venerada en su forma de león durante los primeros mil años de la historia de la dinastía egipcia. El cambio a su forma

---

[14] Geraldine Pinch, *A Handbook of Egyptian Mythology* (Santa Barbara: ABC-CLIO, 2002), 115.

de gato ocurrió en algún momento del segundo milenio AEC. Pinch señala que los diferentes aspectos de Bastet "como madre protectora y terrible vengadora" pueden encontrarse en muchas fuentes diferentes. Entre ellas se encuentran los Textos de las Pirámides, que datan de aprox. 2400 a 2300 AEC; los Textos de los Ataúdes, que son hechizos protectores escritos en el interior de los ataúdes, que datan de aprox. 2181 a 2185 AEC; y en el *Libro de los Muertos*, un texto funerario del Nuevo Reino que contiene colecciones de hechizos y oraciones destinadas a guiar el alma a través de los peligros del inframundo.[16]

Las ideas sobre el carácter de Bastet, tal como se describen en los mitos que la involucran, giraban en parte en torno al comportamiento observado de los gatos. Bastet se asociaba con la fertilidad y la maternidad porque los gatos mismos son muy fértiles y también madres devotas y atentas. La ferocidad del gato, por otro lado, se muestra en un mito en el que Bastet ayuda a Ra a matar a la serpiente demonio Apep (también conocida como Apofis) atacándola con sus garras. La independencia del gato y su falta de voluntad para ser domesticado se refleja en un mito que suele denominarse "La diosa lejana", en el que Bastet, en su disfraz de Ojo de Ra y en forma felina, huye al desierto, y Ra tiene que enviar a un dios (que varía según la versión de la historia) para convencerla de que vuelva a casa. Geraldine Pinch señala que en el Egipto ptolemaico, el regreso de la diosa distante tenía importancia en el calendario egipcio y en las creencias sobre el origen de las inundaciones del Nilo, ya que se decía que el regreso de la diosa a su hogar iniciaba la inundación del Nilo, que se consideraba el comienzo del año egipcio.[17]

El culto a Bastet se centraba en la ciudad de Bubastis, situada en el borde oriental del delta del Nilo, donde la diosa tenía un buen templo. El culto a Bastet incluía ofrendas votivas de estatuillas de

---

[16] Pinch, *Handbook*, 115.
[17] Pinch, *Handbook*, 90.

gatos de bronce y gatos momificados reales. El antiguo historiador Heródoto, que se refiere a Bastet como la diosa romana Diana, pensaba que el templo de Bastet era el más bello de Egipto.[18] En su descripción del recinto del templo, Heródoto dice que dos canales corrían desde el Nilo hasta la entrada, "uno fluyendo alrededor de él por un lado, el otro por el otro", y que se habían plantado árboles a lo largo de los bordes de cada canal.[19] Además, Heródoto dice que los terrenos del templo estaban rodeados por un muro "esculpido con figuras... y dentro hay una arboleda de árboles altos, plantados alrededor de un gran templo".[20]

Heródoto también escribió una descripción del principal festival de Bastet, que el historiador Lewis Spence dice que se celebraba en abril y mayo de cada año.[21] El festival de Bastet parece haber sido una de las fiestas más populares del calendario egipcio, atrayendo a 700.000 visitantes a Bubastis cada año, según Heródoto.[22] Este festival era una ocasión de gran regocijo, celebrado con sacrificios, procesiones de barcazas por el río, música, cantos y bailes, y el consumo de enormes cantidades de alcohol. De hecho, Heródoto estimó que en el festival de Bastet, "se consume más vino... que en todo el resto del año".[23] Es posible que el volumen de vino consumido en el festival de Bastet estuviera relacionado con el mito de Hathor/Sejmet, en el que la sed de sangre de la diosa es saciada por la cerveza elaborada por Ra, la cual ha sido coloreada para que parezca sangre para que Hathor/Sejmet beba eso en lugar de la sangre del pueblo. La treta funciona; Hathor/Sejmet bebe hasta que

---

[18] Herodotus II:137; Henry Cary, trans., *Herodotus* (London: George Bell and Sons, 1901), 150.

[19] Herodotus II:137; Cary, trans., 150.

[20] Herodotus II:137; Cary, trans. 150.

[21] Lewis Spence, *Myths and Legends of Ancient Egypt* (Boston: David D. Nickerson & Co., [1915]), 148.

[22] Herodotus II:60; Cary, trans., 118.

[23] Herodotus II:60; Cary, trans., 118.

pierde el sentido, y después de ese punto no tiene más deseos de matar.

El Libro de los Muertos y otros textos funerarios

Desde el Antiguo Reino, ha sido una tradición funeraria egipcia escribir oraciones y hechizos en las paredes de las tumbas de los faraones, para darles la información y el poder que necesitaban para navegar por los peligros del Duat y alcanzar la vida eterna. En el Reino Medio, estos textos se escribían dentro de los ataúdes de la aristocracia, pero durante el Reino Nuevo, se empezaron a producir colecciones de oraciones y hechizos para cualquier persona egipcia que pudiera tener el dinero para comprarlos. Estas colecciones, que estaban escritas en pergaminos de papiro y a menudo ilustradas, se conocen como el *Libro de los Muertos*. Las diversas versiones del *Libro de los Muertos* constituyen algunas de las fuentes de información más importantes sobre los mitos, la cosmología, la religión y las prácticas funerarias egipcias.

Aunque a estas colecciones se les da un título único y unitario, están lejos de ser uniformes. Algunas colecciones son considerablemente más largas y están más profusamente ilustradas que otras, y era posible que la persona que compraba uno de estos libros los hiciera a medida seleccionando qué hechizos y oraciones podían incluirse. Otras versiones del libro parecen haber sido producidas en masa, aunque el nombre de la persona que las compró podría estar escrito en el interior en el momento de la compra.

El *Libro de los Muertos* estaba destinado a ser enterrado con los fallecidos para que pudieran usarlo para afrontar cualquier peligro que pudieran encontrar cuando llegaran al Duat. Una sección particularmente importante de este libro trataba de lo que uno debía hacer durante la ceremonia del pesaje del corazón, que determinaría si al difunto se le permitiría ir al paraíso o si sería aniquilado para siempre.

Otro texto funerario que se usó regularmente durante el Nuevo Reino fue el *Libro de las Puertas*. Describía los doce sectores del inframundo y el viaje del sol de oeste a este durante la noche, lo que lo hacía similar al *Amduat*, otro texto importante (El *Amduat* se resume en el capítulo sobre el Duat a continuación). Las secciones del *Libro de las Puertas* están alineadas con las doce horas de la noche, y cada una está poblada por diferentes colecciones de deidades y otros seres que intentan ayudar u obstaculizar el paso de Ra por sus territorios, una estructura compartida con la *Amduat*.

Cada región del Duat en el *Libro de las Puertas* se describe como teniendo una puerta específica con su propio nombre específico, y cada puerta está custodiada por una serpiente diferente. Por ejemplo, la puerta de la tercera hora se llama "Señora de la Crianza", y la serpiente guardiana se llama "el Aguijón", mientras que la puerta de la séptima hora se llama "La Brillante", y su serpiente guardiana se llama "Ojo Escondido".[24]

Mientras que el *Libro de los Muertos* proporcionaba protección al difunto y el *Libro de las Puertas* explicaba cómo era el Duat, el *Libro de la Apertura de la Boca* contenía instrucciones detalladas

---

[24] Pat Remler, *Egyptian Mythology A to Z*, 3rd ed. (New York: Chelsea House, 2010), 30-31.

para el Rito de la Apertura de la Boca, una importante liturgia funeraria que se realizaba tanto en las estatuas como en los restos momificados de los difuntos. Dado que las creencias y prácticas funerarias egipcias incluían ofrendas de comida y bebida al difunto, el Rito de la Apertura de la Boca era vital para permitir que la persona muerta pudiera consumir las ofrendas en la otra vida. La egiptóloga Ann Macy Roth ha argumentado que el procedimiento utilizado en este ritual estaba destinado a imitar

> el nacimiento y la maduración de un niño. Su propósito era llevar al difunto recién nacido a través de las transiciones del nacimiento y la infancia, para que pudiera nutrirse (adulto) con los alimentos proporcionados en tal profusión por los cultos mortuorios egipcios. Por lo tanto, el ritual enfatizaba los aspectos del proceso que afectaban a la forma en que el niño recibía la alimentación: la conexión inicial con la placenta, la ruptura del cordón umbilical, el amamantamiento, el destete y la dentición.[25]

El rito podía tener hasta setenta y cinco secciones, pero también se realizaban versiones menos elaboradas. Las herramientas y objetos especiales utilizados en la ceremonia incluían incienso, ungüento y agua, que se utilizaban para purificar la estatua, y la ropa con la que se vestía la estatua. Un implemento particularmente importante era una azuela o cincel que se utilizaba para "abrir" ritualmente la boca de la estatua o de la persona fallecida para que pudiera respirar, comer y beber. El *Libro de los Muertos* se refiere a este aspecto de la ceremonia en el capítulo 23:

> Mi boca es abierta por Ptah,

---

[25] Ann Macy Roth, "Fingers, Stars, and the 'Opening of the Mouth': The Nature and Function of the *ntrwj*-Blades". *The Journal of Egyptian Archaeology* 79 (1993): 60.

> Los lazos de mi boca se aflojan por mi ciudad-dios.
>
> Thoth ha venido completamente equipado con hechizos,
>
> Suelta las ataduras de Set de mi boca.
>
> Atum me ha dado mis manos,
>
> Se colocan como guardianes.
>
> Mi boca se me ha dado,
>
> Ptah me abre la boca
>
> Con ese cincel de metal
>
> Con el que abrió la boca de los dioses.[26]

Como otros textos funerarios, el *Libro de la Apertura de la Boca* contiene tanto ilustraciones como texto. Sin embargo, en el *Libro de la Apertura de la Boca*, las ilustraciones tienen una función diferente a las del *Amduat*, por ejemplo. Más que descripciones de un espacio o colección de deidades en particular, las ilustraciones del *Libro de la Apertura de la Boca* acompañan al texto explicando cómo se debe realizar cada parte del rito. Las ilustraciones muestran quién debe hacer qué, así como cómo se deben utilizar diversos elementos como el agua.[27]

Un aspecto interesante de la realización del Rito de Apertura de la Boca fue la continuidad que creó entre el mundo mortal y el divino. Sacerdotes humanos vivos y sus ayudantes realizaban el rito en estatuas y en los cuerpos momificados de los difuntos, pero también lo hacían dioses funerarios como Anubis y Upuaut, que a veces son representados como involucrados en acciones del rito. Además, algunos de los actores humanos del rito interpretados por

---

[26] Miriam Lichtheim, *Ancient Egyptian Literature: A Book of Readings*, Vol. 2: *The New Kingdom* (Berkeley: University of California Press, 1976), 120.

[27] Una edición completa del libro tal y como existe en la tumba de Seti I es E. A. Wallace Budge, *The Book of Opening the Mouth: The Egyptian Texts With English Translations* (London: Kegan Paul, Trench, Trübner & Co., Ltd., 1909), 2 vols.

sacerdotes vivos podían asumir el papel de deidades. Por ejemplo, en la versión del rito conservada en la tumba del faraón Seti I, dos mujeres participaron en la historia representando a las diosas Isis y Neftis.[28] Estas representaciones humanas de deidades, por un lado, y las imágenes de deidades realizando acciones humanas, por otro, crearon un complejo de vínculos y alineamientos entre mitos, creencias religiosas y prácticas funerarias que conectaban los mundos divino y humano, así como también conectaban a los vivos con los muertos. Esto es así porque a menudo se pensaba que el difunto se convertía en Osiris después de la muerte, para entrar en la vida eterna, y como Osiris fue llorado por Isis y Neftis después de ser asesinado por Set, también la persona fallecida necesitaba a alguien que representara a estas diosas para que pudieran ser debidamente lloradas al igual que Osiris.

---

[28] Budge, Opening the Mouth I, 12.

Los cuatro hijos de Horus

Los hijos de Horus el Anciano tuvieron varios roles dentro de las creencias religiosas y cosmológicas egipcias. En términos de cosmología, se pensaba que eran los cuatro pilares que sostenían el cielo, y a menudo se les asociaba con las cuatro direcciones cardinales. Sin embargo, la mayor parte de su función estaba relacionada con las prácticas funerarias, ya que se pensaba que ayudaban al tránsito del alma hacia el más allá. A menudo se representan en papiros funerarios, y en los textos de las pirámides, se les pide que protejan y guíen el alma del faraón cuando entra en la otra vida. Las cabezas esculpidas de los hijos de Horus a veces se usaban como guardianes de los vasos canopos usados en la momificación.

Las antiguas prácticas funerarias egipcias implicaban la cuidadosa extracción de los órganos internos para preparar el embalsamamiento del cuerpo. El estómago, los intestinos, los pulmones y el hígado se colocaban cada uno en sus propios frascos especiales, a veces conocidos como "Vaso canopo". Estos órganos eran cuidadosamente preservados y enterrados con el resto del cuerpo, ya que los antiguos egipcios creían que los órganos se reunirían con el cuerpo en la otra vida (el corazón se dejaba dentro del cuerpo para que pudiera ser usado en la ceremonia del pesaje del corazón).

El estilo de las tapas de los vasos canopos sufrió cambios con el paso del tiempo. Los vasos más antiguos tienen tapas simples, mientras que los del Primer Periodo Intermedio están decorados con cabezas humanas. Durante el Nuevo Reino, el estilo cambió una vez más, y cada tapa fue diseñada para representar a uno de los cuatro hijos de Horus el Viejo. Cada uno de estos dioses estaba asociado con una diosa protectora específica, y cada uno tenía un papel específico como guardián de uno de los órganos preservados.

Duamutef

Duamutef tenía la cabeza de un chacal. Era el guardián del estómago, y estaba asociado con el este. Su diosa guardiana era Neit.

Hapi (1; también Hapy)

Hapi tenía la cabeza de un babuino y protegía los pulmones. Estaba asociado con el norte, y su diosa guardiana era Neftis. (Para la deidad del mismo nombre que estaba asociada a las inundaciones del Nilo, (ver Hapi (2) abajo).

Amset (Imset, Imseti, Imsety, Amsety, Mesti, Mesta)

Asociado con el sur, *Amset* tenía forma humana y protegía el hígado. Su diosa guardiana era Isis.

Kebeshenuef (Qebhsenuf)

El guardián de Kebeshenuef era Serket, una diosa de la fertilidad y la curación, que se asociaba especialmente con la protección contra picaduras y mordeduras venenosas. Kebeshenuef fue representado con una cabeza de halcón. Se le asociaba con el este y protegía los intestinos.

Geb (Seb, Keb, Kebb, Gebb)

Como descendencia de Shu y Tefnut, Geb era el dios de la tierra, y su consorte era la diosa del cielo Nut. Geb era parte de la Enéada (Nueve Dioses) de la ciudad de Heliópolis, un grupo de deidades que incluía al padre, la esposa y los hijos de Geb. En las representaciones visuales, Geb suele ser representado junto con Shu y Nut. En estas imágenes, Geb yace en el suelo, mientras que Nut arquea su cuerpo sobre él, con solo sus dedos de las manos y los pies tocándolo en los extremos de su cuerpo. Mientras tanto, Shu está de pie en medio del cuerpo de Geb, donde sostiene a Nut con sus brazos. Esto representa el cielo arqueado sobre la tierra, con el aire separando la tierra del cielo y manteniendo el cielo en posición.

Al igual que Osiris, Geb fue representado a veces en el mito como un rey pseudo-histórico de Egipto. Sin embargo, a diferencia de Osiris, que es un dios justo y gentil, Geb es despiadado, celoso y violento. En un mito de la trigésima dinastía que se conserva en un santuario en Phakussa (ahora Faqus) en el borde oriental del Delta del Nilo, el padre de Geb, Shu, tiene el trono de Egipto, y ha gobernado durante mucho tiempo. Geb está celoso del poder de su padre y aún está enojado porque Shu lo separó de su amada esposa, Nut. Geb lidera una revuelta que expulsa a Shu, después de la cual Geb viola a su madre, Tefnut. Nueve días de vientos aullantes y tormentas violentas siguen las acciones de Geb, pero cuando todo se apaga, Geb toma el trono y es reconocido como el rey. Cuando Geb intenta tomar la corona de su padre, el *ureo*, o cobra, que la adorna escupe veneno que quema a Geb y mata a sus seguidores. Geb es curado por un mechón de pelo de Ra, y finalmente se establece para convertirse en un buen gobernante. Cuando Geb decide abdicar, designa a Horus como su heredero en el norte y a Set como su heredero en el sur.

Geb también fue identificado a veces como el "Gran Cackler", el ganso que puso el huevo primordial del que surgió el universo. Por lo tanto, a veces se le representa con una cabeza de ganso. En otras ocasiones, se le representa como un rey humano, llevando la corona combinada del Alto y Bajo Egipto.

Hapi (2; también Hapy)

Asociado con las inundaciones anuales del Nilo, Hapi era uno de los dioses más venerados del panteón egipcio. Se decía que Hapi vivía en el inframundo o en una isla en Elefantina en la primera catarata del Nilo. En la isla, Hapi residía en una gruta que era custodiada por el dios Khnum.

Hapi lleva un kilt de hombre y un tocado de plantas de papiro. Normalmente se le representa como una figura intersexual, con la barba y el pelo de un hombre, pero los pechos de una mujer. También suele tener un vientre abultado. Hapi es representado con pechos y vientre porque se le consideraba una figura nutritiva, ya que la vida en el antiguo Egipto dependía completamente de la fecundidad que traían las inundaciones anuales. Hapi suele tener la piel azul o verde, y en el Nuevo Reino a veces se le retrataba como un par de dioses idénticos que tiraban de los tallos de dos plantas que se entrelazan entre sí. En esta forma, Hapi representa la unión del Alto y Bajo Egipto.

Hapi estaba íntimamente ligado a Osiris en la imaginación religiosa egipcia. Así como Osiris volvió a la vida después de morir, Hapi revivió a Egipto cada año con aguas de inundación vivificantes. Se consideraba que Osiris era el dios que primero enseñó a la gente a cultivar y cosechar granos, y como las inundaciones de Hapi hicieron posible la agricultura, se pensaba que el regreso de los cultivos cada año simbolizaba la resurrección de Osiris. Por lo tanto, la cosecha que seguía a las inundaciones era tanto una conmemoración como una renovación de los dones de Osiris en cuanto a la cebada y la agricultura.[29]

Un himno sobreviviente a Hapi lo alaba por su generosidad, y del texto se desprende claramente que la época de las inundaciones del Nilo era una ocasión de celebración en el antiguo Egipto. El himno también deja claro que las inundaciones que fueron insuficientes o abrumadoras podrían significar un desastre, y por lo tanto Hapi podría tener un aspecto destructivo además de nutritivo. A continuación se presentan algunos extractos de este himno, que data del Reino Medio:[30]

> Salve a ti, Hapi,
>
> Nacido de la tierra,
>
> ¡Ven a alimentar a Egipto!
>
> De maneras secretas,
>
> Una oscuridad de día,
>
> ¡A quien sus seguidores cantan!
>
> . . . .
>
> Cuando está perezoso, las narices se obstruyen,
>
> Todo el mundo es pobre;
>
> Como los panes sagrados están cortados,
>
> Un millón de personas perecen entre los hombres.

---

[29] Pinch, *Handbook*, 137.

[30] Miriam Lichtheim, *Ancient Egyptian Literature: A Book of Readings*, Vol. 1: *The Old and Middle Kingdoms* (Berkeley: University of California Press, 1973), 205–09.

Cuando él saquea, toda la tierra se enfurece,

Rugido grande y pequeño;

La gente cambia de acuerdo a su llegada,

Cuando Khnum lo haya moldeado.

. . . .

Cuando se levante en la residencia,

Los hombres se dan un festín con los regalos de los prados,

Adornado con loto para la nariz,

Y todas las cosas que brotan de la tierra.

Las manos de los niños están llenas de hierbas,

Se olvidan de comer.

Las cosas buenas están esparcidas por las casas,

Toda la tierra salta de alegría.

. . . .

¡Oh, qué alegría cuando vienes!

Tú que alimentas a los hombres y a los rebaños

¡Con tus regalos de la pradera!

¡Oh, qué alegría cuando vienes!

Hathor

Hathor es una deidad compleja que jugó múltiples papeles importantes dentro de la religión y la cultura egipcia. Se la veía como una diosa vaca, una patrona de la fertilidad y la maternidad. Hathor también tenía fuertes asociaciones con la música, la danza, la embriaguez y la sensualidad. Como una de las diosas que representaba el Ojo de Ra, Hathor también tenía un aspecto aterrador y destructivo. Esta doble naturaleza como vaca nutritiva y Ojo de Ra feroz es a menudo capturada en las representaciones de la diosa, donde se la muestra como una bella mujer que lleva un tocado de dos largos y curvos cuernos de vaca entre los cuales se encuentra el disco solar.

Si Hathor era adorada en el período predinástico es todavía una pregunta vigente. La egiptóloga Carolyn Graves-Brown señala que "el primer testimonio claro de Hathor es en el reinado de Kefrén en la Cuarta Dinastía".[31] Sin embargo, una vez que el culto de Hathor se estableció, se hizo inmensamente popular. El principal centro de culto de Hathor estaba en Dendera, en el centro de

---

[31] Carolyn Graves-Brown, *Dancing for Hathor: Women in Ancient Egypt* (London: Continuum, 2010), 17.

Egipto, pero Graves-Brown dice que "se construyeron más templos a [Hathor] que a cualquier otra diosa egipcia".[32]

Además de servir como el Ojo de Ra, Hathor fue considerada a veces como la madre de Ra y por lo tanto la madre del faraón por extensión. Esta conexión fue reforzada por imágenes que mostraban a Hathor amamantando al faraón.[33] El faraón viviente participaba en un rito destinado a representarlo amamantando por el pecho de Hathor. En este rito, el faraón bebía de las tetas de las vacas sagradas que se guardaban en el Templo de Hathor. Geraldine Pinch señala que esta actividad "era parte de la ceremonia de coronación, y parece que se repetía regularmente".[34]

El papel maternal de Hathor se extendió más allá de los límites de la vida. Era una de las diosas que se dice que vivía en el Campo de Cañas, que era el nombre egipcio para el paraíso. Así como se pensaba que los hombres tomaban el nombre de Osiris al morir, también las mujeres tomaban el nombre de Hathor, aunque este último fue un desarrollo relativamente tardío.[35] Como diosa de la muerte, el deber de Hathor era llevar el alma a la otra vida y velar por su comodidad. Lo vemos en una oración encontrada en una copa que data de 1550 AEC, donde uno de los buenos deseos para la persona muerta es "que Hathor te dé cerveza".[36]

Es Hathor quien le da cerveza al alma por el papel de la diosa en el mito de la destrucción de la humanidad. En el mito, Ra está enojado porque los seres humanos están haciendo cosas malas y descuidando la adoración de los dioses. Ra envía a Hathor a la

---

[32] Graves-Brown, *Dancing for Hathor*, xi.

[33] Margaret Bunson, *Encyclopedia of Ancient Egypt*, rev. ed. (New York: Facts on File, Inc., 2002), 160.

[34] Geraldine Pinch, *Magic in Ancient Egypt* (London: British Museum Press, 1994), 83.

[35] Mark Smith, *Following Osiris: Perspectives on the Osirian Afterlife from Four Millennia* (Oxford: Oxford University Press, 2017), 252, 417.

[36] Stephen Quirke, *Exploring Religion in Ancient Egypt* (Chichester: John Wiley & Sons Ltd., 2010), 69.

Tierra como su Ojo para provocar la destrucción y enseñar una lección a los humanos. Desafortunadamente, Hathor se ve tan envuelta en esta tarea que se arriesga a destruir a toda la humanidad, así que los otros dioses le ruegan a Ra que la contenga, de lo contrario no quedaría nadie para adorarlos. Ra logra esto haciendo que se haga cerveza y luego se coloree de rojo. Hathor, que ha tomado la apariencia de la diosa con cabeza de león Sejmet, piensa que la cerveza es sangre, y bebe tan profundamente de ella que se desmaya borracha. Cuando se despierta, vuelve a entrar en razón.

La cerveza, la bebida y la embriaguez eran partes esenciales de las fiestas de Hathor. Estos festivales eran también ocasiones para la expresión de la alegría a través de la música y la danza. Hathor se asociaba especialmente con el sonido del sistro, una especie de sonajero metálico, y aunque la danza formaba parte de la adoración de muchos dioses egipcios, estaba especialmente relacionada con Hathor. Graves-Brown señala que la danza era lo suficientemente importante para la adoración de Hathor como para que los hombres a veces también bailaran. Y no solo eso, sino que había veces en que el propio faraón bailaba para la diosa.[37]

Un aspecto de Hathor es que tenía deberes particulares con respecto a los niños recién nacidos. Esta forma de Hathor la dividía en siete diosas, y en esta forma, visitaba a los recién nacidos y declaraba cuál sería su destino. Las Siete Hathors también podían ser llamadas en asuntos de amor y se pensaba que ofrecían protección contra los demonios.[38]

Hathor también participó en la leyenda de Osiris que fue central para muchas prácticas religiosas egipcias. Algunos eruditos piensan que una versión más antigua del mito sitúa a Hathor en el papel de esposa de Osiris y madre de Horus, un papel que más tarde fue

---

[37] Graves-Brown, *Dancing for Hathor*, xi.
[38] Pinch, *Magic in Ancient Egypt*, 37, 81.

asumido por Isis.[39] Hathor juega un papel diferente en una continuación de la leyenda de Osiris conocida como "La batalla de Horus y Set", en la que el joven Horus tiene que defender su reclamo al trono contra su malvado tío, el dios del caos Set. En esta historia, Ra y los otros dioses actúan como jueces que intentan averiguar si conceder la corona a Horus o a Set. En un momento dado, Ra se harta tanto de los procedimientos que entra en su tienda solo para desahogarse. Los otros dioses discuten qué se puede hacer para aliviar el mal humor de Ra, y Hathor se ofrece de voluntaria para tratar el problema. Entra en la tienda de Ra, donde se quita la ropa. Cuando Ra ve el cuerpo desnudo de Hathor, su buen humor se restablece, y regresa a su legítimo lugar entre los dioses.

La asociación de Hathor con Horus continuó incluso después de que Isis suplantara a Hathor como su madre. En algunos lugares, Hathor era considerada como la consorte de Horus. Esto era cierto particularmente en Edfú, donde se construyó un bello templo a Horus durante el período Ptolemaico. La egiptóloga Rosalie David señala que un evento anual en el templo de Edfú consistía en tomar la estatua de Hathor de su templo en Dendera y navegarla por el río hasta Edfú, donde se celebraban ceremonias para conmemorar el matrimonio de Hathor y Horus.[40] Cuando el festival terminara, la estatua sería llevada a Dendera y devuelta a su santuario.

---

[39] Véase, por ejemplo, Hart, *Dictionary*, 62.

[40] A. Rosalie David, *Discovering Ancient Egypt* (New York: Facts on File, 1994), 38.

Horus (Hor, Her, Heru, Har)

Horus es una de las deidades más antiguas y complejas del panteón egipcio y quizás sea una de las más familiares para los lectores modernos. Horus suele ser representado como un halcón, o como un hombre con cabeza de halcón. En cualquiera de las dos representaciones, a veces se le ve llevando la corona *pschent* de un Egipto superior e inferior unido. Otras veces se le muestra como un joven humano alado con el dedo levantado hasta los labios; esta versión del dios fue tomada por los griegos como Harpócrates, el dios de los secretos.

Desde el principio de la historia egipcia, Horus era un dios aliado de la realeza. El faraón pre-dinástico Menes, que unió el Alto y el Bajo Egipto en un solo país, estaba especialmente dedicado a Horus, lo que ayudó a nacionalizar el culto de Horus. Sin embargo, no fue solo el hecho de que el rey adorara fervientemente a Horus lo que unió al dios con el trono. Un principio fundamental de la realeza egipcia era que el propio rey era un dios, y que específicamente era una manifestación o incluso la reencarnación de Horus. Este vínculo se consolidó cuando, al asumir el trono, el rey tomó un nuevo nombre que fue referido como su "nombre de Horus".

La comprensión de la naturaleza de Horus se hace difícil por la multiplicidad de sus manifestaciones. No está claro si éstas estaban destinadas a ser avatares de la misma deidad, o si eran, de hecho, dioses completamente separados. Se dice que una versión de Horus, a menudo llamado "Horus el Viejo", era hijo del dios tierra Geb y de la diosa del cielo Nut, convirtiéndolo en el hermano de Isis, Osiris, Neftis y Set. La segunda versión se suele llamar "Horus el Joven", y en esta manifestación, es el hijo de Isis y Osiris.

Desde los primeros tiempos, Horus el Viejo era un dios del cielo, cuyos ojos eran el sol y la luna. La antigüedad de esta asociación con el cielo la señala la egiptóloga Geraldine Pinch, quien observa que "una de las primeras imágenes divinas conocidas de Egipto es la de un halcón en una barca"[41], una representación común del antiguo Egipto del movimiento de un cuerpo celeste a través del cielo, que se concebía como una especie de vía acuática celestial. En épocas posteriores, Horus se identificó con el dios del sol Ra, asumiendo así un aspecto solar. Pinch explica que en esta manifestación, se le conoció como "Ra-Horajty (Ra-Horus del Doble Horizonte), que triunfó sobre sus enemigos para levantarse en el este".[42]

Se dice que Horus el Joven es hijo de Isis y Osiris, que fue concebido después de la muerte de su padre a través de un acto mágico realizado por su madre. En el mito osiriano, Horus está en constante peligro por su malvado tío Set, que mata al padre de Horus no una sino dos veces en un esfuerzo por usurpar su trono. La manifestación de Horus como hijo de Isis y Osiris fue comúnmente cooptada por los faraones egipcios al menos por la Quinta Dinastía. Estos faraones se consideraban a sí mismos como descendientes de Horus y como una reencarnación de éste. Esta asociación se afirma en los textos de las pirámides, que se refieren

---

[41] Pinch, *Handbook*, 143.

[42] Pinch, *Handbook*, 144.

al faraón como Horus cuando es un hombre vivo y como Osiris una vez que ha muerto y entrado en la otra vida.

Además del cuento de Osiris, el otro mito primario que involucra a Horus es "La Batalla de Horus y Set", una historia preservada en un papiro que data de la Vigésima Dinastía. En este cuento, Set ha usurpado el trono de Egipto después de la muerte de Osiris. Horus se presenta ante el dios supremo Ra-Horajty y todos los demás dioses para exigir que sea nombrado heredero legítimo de Osiris. Los dioses discuten una y otra vez sobre esto. La mayoría de ellos están de acuerdo en que Horus debería ser rey, pero Ra-Horajty y algunos otros piensan que Set debería conservar el trono porque es más viejo y tiene más experiencia. Los dioses piden consejo a Osiris y a la diosa Neit, quienes dicen que Horus debería llevar la corona.

Cuando la corte de los dioses no llega a un consenso, Set sugiere un único combate entre él y Horus, con el vencedor convertido en rey. En el primer combate, Set y Horus se convierten en hipopótamos para ver quién puede permanecer más tiempo bajo el agua. Isis, la madre de Horus, intenta amañar el combate arponeando a Set, pero su primer hechizo se estropea, golpeando a Horus en su lugar. El segundo hechizo golpea a Set, que se enfurece con su hermana por haberle hecho daño. Isis siente lástima por Set, así que retira el arpón, pero esto enfurece a Horus, que ataca a su madre y le corta la cabeza. Horus entonces huye a las montañas con la cabeza de Isis, mientras su cuerpo se convierte en una estatua sin cabeza. (Más tarde en la historia, Isis se revive.)

Ra-Horajty exige que Horus pague por su crimen, así que envía a varios dioses a buscarlo. Set se encuentra con Horus mientras duerme y le saca los ojos, luego niega haber visto a Horus. Horus es encontrado más tarde por Hathor, quien lo cura y lo trae de vuelta a casa. En este punto, Ra-Horajty está tan harto de Set y Horus que les dice que se vayan a casa, que coman juntos y que dejen de pelearse.

Set invita a Horus a casa para comer con él y ser su invitado durante la noche. Horus está de acuerdo, pero una vez que se duerme, Set intenta violarlo. Horus se las arregla para defenderse de Set, pero no antes de que Set haya eyaculado en sus manos. Más tarde, Set intenta convencer a los dioses de que Horus quería que Set tuviera sexo con él y que por lo tanto es impuro. Sin embargo, Set es el que termina siendo avergonzado cuando su semen llama a la corte de los dioses desde el río, donde Isis había lanzado las manos sucias de Horus (le hace nuevas después), y desde el interior del propio cuerpo de Set, ya que había comido lechuga sobre la que Isis había vertido secretamente algunas de sus semillas.

Set propone entonces otro concurso. Él y Horus van a hacer botes de piedra. El que haga un bote de piedra que flote en el agua se convertirá en el rey. Horus hace trampa haciendo un bote de yeso y madera que parece de piedra, y así gana el concurso, en el que Set se convierte en un hipopótamo y hace pedazos el bote de Horus.

El pleito entre Horus y Set se decide finalmente cuando Osiris envía una última carta diciendo que cosechará los corazones de aquellos que se niegan a tratar con justicia a sus semejantes. Esto asusta a los dioses para que tomen una decisión final. Set es encadenado y Horus es nombrado rey, en cuyo momento Set le concede el trono, y los dioses se alegran de que el asunto se haya decidido finalmente.

Imhotep (Imutes)

La deificación de los gobernantes, ya sea durante su vida o poco después de su muerte, era algo común en el mundo antiguo. Se pensaba que los reyes egipcios eran tanto la progenie como la manifestación viva de un dios, generalmente Horus o Amón-Ra. Era bastante menos común que otras personas alcanzaran la condición de deidad, aunque ocurría de vez en cuando. En el antiguo Egipto, vemos esto particularmente en la persona de Imhotep, el visir de la Primera Dinastía el faraón Zoser y probable arquitecto de la pirámide escalonada de Zoser en lo que hoy es Saqqara. Imhotep eventualmente fue adorado como un dios de la sabiduría y la curación.

La glorificación y posterior deificación de Imhotep surgió de una tradición de reverencia por su sabiduría y habilidad, porque el Imhotep histórico era un hombre talentoso y hábil que era más que digno de la confianza del faraón. Con el tiempo, la leyenda de Imhotep adquirió varias acreciones. A través de estas acreciones, Imhotep fue finalmente acreditado con la autoría de varios textos de sabiduría, se suponía que era un médico y sanador, y finalmente fue considerado como el hijo de Ptah, el dios supremo de Menfis. Algunas versiones de la paternidad de Imhotep afirman que su madre, Khereduankh, era una mujer mortal, mientras que otras afirman que era la hija del dios Banebdjedet, lo que llevó a algunas personas a venerarla como un ser divino por derecho propio. Una tercera afirmación sobre los orígenes de Imhotep lo hace totalmente divino, afirmando que era el hijo de Ptah y Sejmet. El alineamiento de Imhotep con Ptah, en lugar de con una deidad diferente, proviene del papel de Ptah como patrón de los arquitectos, constructores y artesanos. En su papel de hombre sabio, Imhotep también se convirtió en un dios patrón de los escribas.

Las acreciones a la leyenda de Imhotep y su eventual deificación ocurrieron durante un largo período de tiempo. Las referencias a Imhotep como una figura glorificada o deificada solo aparecen a partir del Reino Medio, cientos de años después de la muerte de Imhotep. Además, las leyendas sobre Imhotep y varias facetas de su biografía parecen haber sido creadas de una sola pieza; no hay pruebas de que él mismo escribiera textos de sabiduría (aunque sobrevive una que se le atribuye) o sirviera como curandero, y su supuesto estatus divino o semidivino es obviamente un trabajo de la imaginación más que de hecho.

Una referencia póstuma temprana a Imhotep proviene de una de las Canciones de Harper. Los textos de estas canciones se encuentran a veces inscritos en tumbas y a veces en pergaminos de papiro. El texto de la canción en cuestión se conserva en un papiro del Nuevo Reino, pero el idioma lo fecha en el Reino Medio.[43] En el papiro, la canción está etiquetada como encontrada en la tumba del Rey Intef, pero como varios reyes usaron ese nombre, es imposible saber exactamente cuál es la intención de la etiqueta. La canción es una meditación sobre la muerte; abajo hay un breve extracto:

> Sin embargo, los que construyeron las tumbas,
> Sus lugares ya no están,

---

[43] Lichtheim, *Literature* 1, 19.

¿Qué ha sido de ellos?

He escuchado las palabras de Imhotep y Hardedef,

Cuyos dichos se recitan enteros.

¿Qué hay de sus lugares?

Sus paredes se han derrumbado,

Sus lugares ya no están,

¡Como si nunca hubieran estado![44]

En esta canción, podemos ver que Imhotep es venerado, pero aún no es considerado un ser divino, ya que la canción afirma que está muerto.

Sin embargo, al menos durante el reinado de Amenofis III, Imhotep recibía culto en forma de libaciones. El texto de una oración de libación está atestiguado en múltiples papiros hasta el último período.[45] Además, es durante el Periodo Tardío cuando Imhotep comienza a ser visto como un ser divino, y para el Periodo Ptolemaico su divinidad parece haber sido bien establecida.[46] Durante el Periodo Ptolemaico, Imhotep se hizo muy popular entre los griegos, quienes identificaron a Imhotep con Asclepio, el dios griego de los médicos y la curación.

Sobreviven dos leyendas que recuerdan las acciones de Imhotep. Una es una estela de la época ptolemaica que conserva la leyenda del rey Zoser y la hambruna, que se resume en el capítulo sobre el dios Khnum que figura a continuación. La otra historia es mucho más reciente, ya que se ha conservado en un papiro del período romano de la Biblioteca del Templo de Tebtunis. Abajo hay un

---

[44] Lichtheim, *Literature* 1, 196. Hardedef fue otro sabio del Viejo Reino que fue divinizado.

[45] Dietrich Wildung, *Egyptian Saints: Deification in Pharaonic Egypt* (New York: New York University Press, 1977), 34.

[46] Pinch, *Handbook*, 148.

resumen de la historia de Tebtunis por la arqueóloga Marina Escolano-Poveda:

> Este texto y otras fuentes describen al padre divino [de Imhotep] Ptah, a su madre Khereduankh y a su hermana Renpetneferet, a veces también llamada su esposa. Imhotep es representado como un poderoso mago en la corte real de Zoser. En un episodio, viaja a Asiria para recuperar las 42 extremidades de Osiris y lucha en un concurso de magia contra una hechicera asiria.[47]

Además de los poderes mágicos atribuidos al Imhotep vivo en la historia de Tebtunis, otros textos tardíos también le atribuyen poderes divinos después de su muerte y elevación a la divinidad. Una estela tallada durante el reinado de Cleopatra VII fue hecha en memoria de Taimhotep, esposa del sumo sacerdote de Ptah en Memphis. Parte de la estela está dedicada a la historia de cómo Taimhotep pudo finalmente dar a su marido un heredero varón, lo que consiguió después de que ella y su marido rezaran juntos a Imhotep, "el dios grande en maravillas, efectivo en hechos, que da un hijo al que no tiene ninguno".[48] Que el culto a Imhotep era tan popular como importante se muestra también por la preservación de un himno dirigido a él en el Templo de Ptah en Karnak, que estaba situado junto al gran templo de Amón-Ra, uno de los centros religiosos más importantes de todo el antiguo Egipto.

---

[47] Marina Escolano-Poveda, "Imhotep: A Sage Between Fiction and Reality", American Research Center in Egypt website, accessed 23 June 2020, https://www.arce.org/resource/imhotep-sage-between-fiction-and-reality.

[48] Miriam Lichtheim, *Ancient Egyptian Literature: A Book of Readings*, Vol. 3: *The Late Period* (Berkeley: University of California Press, 1980), 62.

Isis

La diosa Isis es una de las deidades egipcias más conocidas por la gente hoy en día. Originalmente una diosa de la fertilidad, la maternidad y el parto, Isis también fue considerada como un antepasado de los faraones de Egipto, que se pensaba que eran tanto los descendientes directos del hijo de Isis, Horus, como manifestaciones del propio Horus. Isis estaba asociada con la magia y la curación, y muchos rezos y hechizos mágicos que han sobrevivido la invocan para pedir ayuda. Isis parece haber sido una diosa relativamente oscura en el Periodo Dinástico Temprano (también conocido como Periodo Arcaico), que comenzó alrededor del 3100 AEC, pero se convirtió en una de las figuras más importantes y duraderas del panteón egipcio. Tras la conquista de Egipto por Alejandro Magno, los griegos y los romanos también comenzaron a adorar a Isis, desarrollando sus propios ritos y misterios en torno a su culto. Incluso hoy en día, algunos paganos modernos adoran a Isis y crean rituales alrededor de su mito.

La primera referencia aparente a Isis puede estar en una tablilla hecha por Hor-Aha, un faraón de la Primera Dinastía del Periodo Arcaico. Esta tablilla se refiere a "Sothis, Abridor del Año, Inundación 1", que podría ser una referencia a Isis porque a menudo se la relacionaba con Sothis, la estrella que hoy conocemos como Sirio, cuya elevación siempre señalaba la crecida del Nilo, un acontecimiento vital para la agricultura del antiguo Egipto.[49]

Por lo demás, las primeras referencias escritas a Isis datan del siguiente período importante de la historia del antiguo Egipto, el Antiguo Reino, y más concretamente de la Quinta Dinastía. Estas referencias aparecen en escritos conocidos colectivamente como los Textos de las Pirámides, que son inscripciones en las paredes de las tumbas de algunos de los faraones de Egipto y sus reinas en lo que hoy es Saqqara, Egipto, que originalmente había sido la capital egipcia de Menfis. Los primeros textos de las pirámides están en la tumba de Unis, que gobernó Egipto entre 2375 y 2345 AEC. Sin embargo, el egiptólogo James P. Allen afirma que la forma algo arcaica del lenguaje usado para los textos de la tumba de Unas sugiere que pueden ser de hecho mucho más antiguos.[50]

En todos los textos de la pirámide, Isis funciona como una de las deidades que cuida del alma del faraón en su transición a la vida después de la muerte. Por ejemplo, los textos de la pirámide de Unis muestran a Isis ofreciendo su pecho para que el alma de Unis se amamante y pidiéndole que le devuelva la vida, tal y como hizo con su marido/hermano, Osiris.[51] Isis también realiza servicios similares para los otros reyes y reinas cuyas tumbas conservan estos textos, la mayoría de los cuales datan de la Sexta Dinastía, aunque uno de ellos es de la Octava.

La egiptóloga Susan Tower Hollis observa paralelismos entre el papel de Isis como guía hacia la vida después de la muerte y el papel de las mujeres humanas que preparaban los cuerpos para el entierro. Como las mujeres humanas, Isis no está sola en su tarea; en los Textos de la Pirámide es constantemente emparejada con su

---

[49] Normandi Ellis, *Feasts of Light: Celebrations for the Seasons of Life Based on the Egyptian Goddess Mysteries* (Wheaton: The Theosophical Publishing House, 1999), 3.

[50] Allen, *Pyramid Texts*, 4.

[51] Allen, *Pyramid Texts*, 20, 35.

hermana, Neftis.⁵² Hollis observa además que la historia familiar de la muerte de Osiris y la posterior búsqueda y resurrección de su cuerpo por parte de Isis se conserva principalmente no en las antiguas fuentes egipcias sino en las obras del historiador y erudito romano Plutarco, cuyo *De Iside et Osiride* ("Concerniente a Isis y Osiris") fue escrito en el siglo II de la era cristiana.⁵³

La conexión de Isis con la autoridad real egipcia está atestiguada en parte por el uso de un trono como una especie de tocado en muchas representaciones visuales egipcias antiguas de la diosa. De hecho, su nombre en egipcio es *Eset*, que literalmente significa "asiento" o "trono". Sin embargo, esta no es la única forma en que se representa a Isis. Durante el Nuevo Reino, Isis comienza a ser mostrada con una corona de cuernos de vaca que sostiene un disco solar, lo que atestigua la fusión de Isis con la diosa vaca Hathor, una diosa egipcia anterior cuya popularidad disminuyó a medida que crecía la de Isis.

Aunque Isis fue aclamada como diosa de la fertilidad, especialmente con referencia a la inundación anual del Nilo que trajo el rico limo que hizo posible la agricultura en el árido clima desértico de Egipto, no era ella misma una diosa creadora sino más bien la tataranieta del dios creador original, Atum.

Según el mito de Isis y Osiris, Osiris se convierte en el gobernante de Egipto, enseñando a la gente la agricultura y la ley. Cuando Set se pone celoso del poder de Osiris, crea un cofre hecho precisamente a la medida de Osiris. Set engaña a Osiris para que entre en el cofre y luego lo arroja al Nilo, donde flota hasta el Delta. Cuando el cofre llega a la orilla, un árbol de tamarisco crece a su alrededor. El árbol es luego talado por el rey de Biblos, quien lo usa en la construcción de su casa.

---

⁵² Susan Tower Hollis, *Five Egyptian Goddesses: Their Possible Beginnings, Actions, and Relationships in the Third Millennium BCE* (n.c.: Bloomsbury Publishing, 2019), n.p. Accessed on Google Books, http://www.google.com/books.

⁵³ Hollis, *Five Egyptian Goddesses*, n.p.

Consternada por la desaparición de Osiris, Isis va a buscarlo. Finalmente encuentra el árbol, que ahora se utiliza como pilar, y se las arregla para liberar a Osiris de él. Para entonces, Osiris está muerto, así que Isis lleva su cuerpo a un pantano, donde se esconde del vengativo Set. Set finalmente encuentra el escondite mientras Isis no está y desmembra el cuerpo de Osiris, esparciendo los pedazos por toda la tierra.

Una vez más, Isis va a buscar a su marido, esta vez con la ayuda de su hermana, Neftis. Las hermanas se las arreglan para encontrar y reconectar todas las partes del cuerpo de Osiris excepto su pene, que ha aterrizado en el Nilo y ha sido comido por un pez. Osiris vuelve a la vida a través de la fuerza de la magia de Isis, pero debido a que su cuerpo está incompleto, ya no puede permanecer entre los vivos; se ha convertido en una momia, y así pasa al inframundo para convertirse en el señor de los muertos. Isis entonces da a luz a Horus, el hijo que Osiris le da cuando ella mágicamente le quita su semilla mientras que ella está en la forma de una cometa, un pequeño pájaro de presa.

En este mito, podemos ver muchas conexiones entre Isis y varios aspectos de la vida y la religión egipcia. El mito la designa como la creadora de la momificación y participante en los ritos funerarios junto con su hermana, Neftis; su magia permite que los muertos vuelvan a la vida y se trasladen al inframundo, un papel que se le pide repetidamente que desempeñe en los escritos funerarios como los Textos de las Pirámides; y se convierte en la madre de las casas reales de Egipto a través de su hijo, Horus.

A pesar de su importancia para la religión egipcia y las prácticas funerarias, Isis no tuvo un templo propio hasta bastante tarde, e incluso entonces, la mayoría de esos templos fueron construidos por gobernantes que no eran egipcios. El primer templo de Isis fue erigido hacia 690 AEC por el faraón kushita Taharqo en File, un importante centro sagrado cerca de la Primera Catarata del Nilo. El templo de File fue ampliado por Nectanebo II, el último faraón egipcio, a mediados del siglo IV a. C., pero el resto de la construcción fue supervisada por no egipcios, incluyendo algunos de los gobernantes helenísticos durante el período ptolemaico y más tarde por los emperadores romanos Augusto, Tiberio y Adriano.

El complejo del templo de File se utilizó para el culto de Isis hasta mediados del siglo VI d. C., cuando fue convertido en una iglesia cristiana por el emperador bizantino Justiniano I (527-565 d. C.). En tiempos modernos, el complejo del templo fue trasladado a una isla en medio del lago Nasser debido a los daños causados por la inundación de la presa de Asuán. El templo se sometió a un pesado trabajo de restauración como parte del proceso de traslado, y fue reabierto al público en 1980.

El final de casi tres mil años de dominio dinástico egipcio, a partir de la conquista persa en el año 343 a. C., tuvo importantes efectos en las prácticas religiosas egipcias. Una sucesión de reyes persas dominó Egipto hasta el año 332 a. C., cuando el líder militar macedonio Alejandro Magno se hizo cargo del país. La conquista de Alejandro puso en marcha la helenización de Egipto, un proceso que cobró fuerza después del 309 a. C., cuando la sucesión macedonia argéada llegó a un abrupto final con el asesinato del hijo de Alejandro. Después de un breve interregno, un compañero griego de Alejandro tomó el trono de Egipto como Ptolomeo I Soter ("Ptolomeo el Salvador") en el 305 a. C.

La llegada de Ptolomeo marcó el comienzo de un período de alteración de la cultura egipcia a través de la importación de gobernantes griegos e inmigrantes griegos. Este influjo de la cultura griega influyó en ciertos aspectos de la cultura y las prácticas religiosas egipcias, a pesar del apoyo de los gobernantes ptolemaicos a la expresión religiosa nativa egipcia, y a pesar del resentimiento egipcio hacia sus señores griegos. La conquista romana de Egipto en el 30 AEC creó lazos adicionales entre Egipto y el Imperio romano, asegurando también la interacción entre la cultura romana y egipcia.

Un resultado de este intercambio entre las culturas egipcia, griega y romana fue el crecimiento del culto a Isis, que encontró fuertes raíces tanto en Grecia como en Roma, aunque la aceptación del culto a las deidades egipcias en Roma encontró inicialmente cierta resistencia gubernamental oficial.[54] La capital de Alejandro, Alejandría, situada en la costa mediterránea de Egipto a lo largo del borde noroccidental del delta del Nilo, fue un lugar destacado para el crecimiento de este culto. La ubicación estratégica de Alejandría, su poder económico y su reputación como sede de aprendizaje la convirtieron en un lugar ideal para que la gente de Grecia y otras partes del mundo antiguo hicieran negocios y comenzaran nuevas vidas, y parte de ese proceso fue la adopción y transformación de las ideas y prácticas religiosas locales.

Sin embargo, la expansión helénica del culto a Isis no fue totalmente orgánica. Ptolomeo I reconoció la necesidad de integrar las prácticas religiosas griegas y egipcias, por lo que ordenó a dos sacerdotes, Manetón, un egipcio nativo, y Timoteo, hijo de inmigrantes griegos, que ayudaran a alinear las dos religiones y a suavizar los lugares donde las concepciones importantes sobre las diversas deidades estaban en conflicto.[55] El historiador R. E. Witt informa de que el resultado de la colaboración de Manetón y Timoteo fue la elevación de Isis y su hijo Horus al estatus de deidades primarias de Alejandría, con Anubis siguiéndoles de cerca. Pero una diosa madre no es nada sin una consorte, por lo que se creó una nueva deidad llamada Serapis (o Sarapis), como consecuencia del culto al toro de Apis en Menfis y como una sincretización de aspectos de las deidades griegas, como Zeus y

---

[54] Herwig Maehler, "Roman Poets on Egypt", in *Ancient Perspectives on Egypt*, ed. by Roger Matthews and Cornelia Roemer (London: UCL Press, 2003), 205.

[55] R. E. Witt, *Isis in the Ancient World* (Baltimore: Johns Hopkins University Press, 1971), 52.

Hades, con aspectos de las deidades egipcias, como Osiris y Amón.[56]

La propia Isis se sometió a un proceso de sincretización. Los antiguos escritores griegos como Diodoro Sículo y Heródoto la identificaron con Deméter, mientras que Plutarco la alineó con la hija de Deméter, Perséfone.[57] El historiador Vincent Arieh Tobin afirma que la identificación de Isis con Deméter tiene que ver en parte con los papeles de ambas dinastías como diosa de la fertilidad y, en particular, con su asociación con los cultivos de cereales, mientras que el autor Joshua J. Mark sugiere que es el viaje de cada diosa para encontrar a un ser querido fallecido lo que unió a las dos en la mente de los antiguos griegos.[58]

Sin embargo, aunque la diosa Isis era percibida por los adoradores o su identidad se forjaba para la percepción pública de los gobernantes, es innegable que su culto se convirtió en uno de los más importantes en muchos lugares de la cuenca del Mediterráneo durante el período ptolemaico. Podemos ver su importancia en la aretalogía de Isis, o lista de escrituras, de Cyme en Asia Menor, que probablemente fue escrita en algún momento del siglo II d. C. por un griego llamado Demetrio, que afirmó haberla copiado de una estela del templo de Hefesto en Menfis. En el extracto de la aretalogía que figura a continuación, Isis afirma ser la hija del dios griego Kronos y se la eleva al rango de diosa creadora, así como a la de creadora de orden y gobernante sobre varios aspectos de la naturaleza:

> Di y ordené leyes para los hombres, que nadie es capaz de cambiar.
>
> Soy la hija mayor de Kronos.

---

[56] Witt, *Isis in the Ancient World*, 52-53.

[57] Vincent Arieh Tobin, "Isis and Demeter: Symbols of Divine Motherhood", *Journal of the American Research Center in Egypt* 28 (1991): 187-8.

[58] Tobin, "Isis and Demeter", 188; Joshua J. Mark, "Isis", *Ancient History Encyclopedia*,19 February 2016, https://www.ancient.eu/isis/.

> Soy esposa y hermana del rey Osiris.
>
> Soy la que encuentra el fruto para los hombres.
>
> Soy la madre del rey Horus.
>
> Soy la que se alza en la Estrella de Perro
>
> Para mí fue construida la ciudad de Bubastis.
>
> Dividí la tierra del cielo.
>
> Mostré los caminos de las estrellas.
>
> Ordené el curso del sol y la luna.
>
> Ideé negocios en el mar.[59]

Además de sincretizar las deidades egipcias y griegas, el culto helenizado a Isis, junto con su eventual expresión romana, tomó la forma de un culto al misterio similar a los Misterios Eleusinos, que se celebraban en honor a la diosa griega Deméter. Los cultos de misterio tenían extensas reglas sobre cómo convertirse en un iniciado y complejos rituales que guiaban la práctica de la iniciación y el culto. La información sobre la forma de los misterios de Isis sobrevive en las *Metamorfosis* de Apuleyo, una escritura numídica en latín del siglo II d. C. Las *Metamorfosis* de Apuleyo son también conocidas como *El Asno de Oro*, por la desgracia central del protagonista, Lucio, que se convierte en un burro. Lucio es posteriormente restaurado a su forma humana por la diosa Isis, con lo que se convierte en un iniciado en los misterios de esa diosa. La historiadora Antonía Tripolitis ofrece este resumen de los misterios según Apuleyo:

> La iniciación en el culto de Isaías se limitaba a los individuos que eran seleccionados por la propia Isis y que podían permitirse los altos gastos que implicaba la

---

[59] Reprinted in Marvin W. Meyer, ed., *The Ancient Mysteries: A Sourcebook* (San Francisco: Harper & Row, 1987), 173.

iniciación. Estos individuos eran notificados del honor por Isis en un sueño. Antes de la iniciación, el individuo se sometía a un baño de purificación y 10 días de estricto ayuno. El iniciado se vestía entonces con una túnica de lino y se le permitía entrar al santuario donde vagaba por los lugares oscuros del inframundo y se sometía a ciertas pruebas. La mañana siguiente a la iniciación, el iniciado, de pie en un podio de madera ante la estatua de Isis, era presentado a la multitud. Este día era considerado como un nuevo nacimiento para el iniciado. Significaba que había muerto a la antigua vida y renacido a un nuevo curso de vida y salvación bajo la protección de Isis.[60]

Sin embargo, el culto a Isis no fue completamente relegado a los cultos de misterio en el mundo grecorromano. Cada año en marzo, a partir del siglo I d. C., los romanos celebraban un festival público llamado *Navigium Isidis* ("la nave de Isis").[61] Durante este festival, que marcaba el comienzo oficial de la temporada de navegación, un barco especial consagrado a Isis se lanzaba al mar en una petición para que la diosa protegiera a los marineros, pescadores y a todos los que viajaban por las olas.[62]

Aunque el culto a Isis disminuyó con el paso del tiempo, no desapareció del todo. En el siglo XVIII, Wolfgang Amadeus Mozart se refirió a aspectos del culto al misterio de Isis en su ópera *La flauta mágica*, en la que el personaje principal, Tamino, debe someterse a una serie de pruebas para conseguir la entrada al

---

[60] Antonía Tripolitis, *Religions of the Hellenistic-Roman Age* (Grand Rapids: William B. Eerdmans Publishing Company, 2002), 29.

[61] Laurent Bricault, *Isis Pelagia: Images, Names and Cults of a Goddess of the Seas,* trans. Gil H. Renberg (Leiden: Brill, 2020), 222.

[62] Bricault, *Isis Pelagia,* 228.

Templo de la Luz, y en la que se canta un himno a Isis y Osiris. Más recientemente, los paganos modernos han adoptado a Isis como una deidad digna de reverencia. Autores como Normandi Ellis y de Traci Regula han escrito libros que explican la historia del culto a Isis y demuestran cómo los devotos modernos pueden adaptar el culto a Isis a sus propias necesidades espirituales.[63]

Desde sus humildes comienzos como diosa funeraria nativa egipcia y patrona de la fertilidad y la maternidad, Isis alcanzó una estatura significativamente mayor en el mundo grecorromano que la que había tenido en su propio Egipto natal. Esto puede deberse a que es fácil identificarse con las luchas de la diosa en su mito: su dolor por la muerte de su cónyuge y su deseo de resucitarlo de entre los muertos, sus intentos de proteger a su joven hijo y su conexión con los aspectos humanos de la vida y la muerte a través del ciclo agrícola y los ritos funerarios. No es de extrañar, por tanto, que, a diferencia de muchas otras deidades antiguas, Isis siga siendo un personaje vivo en la imaginación humana incluso cinco siglos después de que empezara a ser adorada a orillas del Nilo.

---

[63] de Traci Regula, *The Mysteries of Isis: Her Worship and Magick* (St. Paul: Llewellyn Publications, 2001); Ellis, *Feasts of Light*.

Khnum (Chnum)

Khnum era el dios de la fuente del Nilo, y en algunos mitos era considerado como un dios creador. Khnum suele ser representado como un hombre con cabeza de carnero. Los cuernos de este carnero no se curvan en espiral sino que son ondulados y se extienden horizontalmente a izquierda y derecha sobre la cabeza del carnero. Los principales centros de culto para Khnum estaban en Elefantina, una isla en el río Nilo justo aguas abajo de la Primera Catarata, y Esna, que está en la orilla oeste del Nilo, al sur de Luxor.

La identidad de la consorte de Khnum variaba dependiendo de la ubicación. En Elefantina, se decía que Khnum era el esposo de Satis, la diosa de la guerra, la caza y la fertilidad, y el padre de Anuket, la diosa de las cataratas del Nilo. En Esna, la consorte de Khnum era, de forma variada, Neit o Menhit, ambas diosas de la guerra (aunque Neit era considerablemente más popular y poderosa), y el hijo de Khnum era Heka, el dios de la medicina y la magia. Khnum también estaba asociado con Hapi, el dios de las inundaciones del Nilo, y se decía que era una manifestación del alma del dios del sol, Ra. Cuando Khnum actuaba en esa capacidad, llevaba el nombre de Khnum-Ra.

Además de asegurar la inundación anual del Nilo, Khnum también creó el mundo de la nada y formó los primeros seres humanos en su torno de alfarero. Hizo hombres y mujeres de arcilla y les insufló vida, dándole a cada persona un *ba*, o alma. Un himno sobreviviente a Khnum del templo de Esna detalla su acto de creación, enumerando varias partes del cuerpo junto con sus funciones, y también afirmando que Khnum hizo las plantas y los animales.[64]

Aunque Khnum era adorado principalmente en Elefantina y Esna, era conocido y reverenciado en todo Egipto. Se le menciona en los Textos de las Pirámides, que datan de la Quinta Dinastía y que están escritos en las tumbas cerca de Saqqara, en la base del Delta del Nilo en el extremo opuesto del río de los principales centros de culto de Khnum. Por ejemplo, se dice que Khnum construyó un ferry para el faraón Unis, y se le atribuye haber creado al faraón Teti.[65]

La importancia de Khnum como creador y controlador de las inundaciones del Nilo fue aprovechada ocasionalmente con fines políticos. Cuando la Reina Hatshepsut asumió el trono tras la muerte de su marido, el Faraón Tutmosis II, promulgó el mito de que Amón era su padre y que su cuerpo y su alma fueron hechos por el propio Khnum, como parte de un esfuerzo para legitimar su gobierno.

Otro mito dice que cuando una hambruna descendió sobre la tierra, el faraón Zoser tuvo un sueño en el que Khnum se le apareció y prometió hacer que el Nilo se inundara para que la hambruna se detuviera. En agradecimiento por la ayuda del dios, Zoser dio una concesión de tierra y diezmos anuales para ser pagados al templo de Khnum. No está claro si la historia de Zoser data en realidad de la Tercera Dinastía, ya que se conserva en una

---

[64] Lichtheim, *Literature* 3, 112-13.
[65] Allen, *Pyramid Texts*, pp. 55, 68.

estela que data de la época ptolemaica. Es posible que la historia sea en realidad del Egipto ptolemaico, pero fue forjada para que pareciera más antigua, para darle más peso e importancia.

Jonsu (Khonsu, Khons, Chons)

Jonsu, cuyo nombre significa "viajero", era el dios egipcio de la luna. Normalmente se le representa como una momia con la cabeza afeitada de un niño y con un cierre lateral trenzado, aunque a veces se le muestra como un hombre con cabeza de halcón que lleva un tocado en el que está colocado el disco lunar. Uno de los principales centros de culto de Jonsu era la ciudad de Tebas. En Tebas, así como en el resto del sur de Egipto, Jonsu formaba parte de la Tríada de Tebas, en la que el dios Amón era el padre de Jonsu y la diosa Mut era su madre. Dentro del gran templo de Amón en Karnak, Jonsu tiene su propio recinto. En la parte norte de Egipto, sin embargo, Jonsu estaba en una tríada con sus padres Ptah y Sejmet, mientras que en el Fayum, se decía que sus padres eran Hathor y Sobek.

Como buen lunar, Jonsu a veces se asociaba con Thoth, y por lo tanto se le veía como un dios de los calendarios y el control del tiempo. En el mito del nacimiento de los hijos de Nut, Jonsu pierde a los dados con Thoth, y como resultado, tiene que perder un quinto de su luz. Thoth usa esa luz para hacer los cinco días intercalados que fueron añadidos al calendario lunar de 360 días para mantenerlo alineado con las estaciones.

La egiptóloga Geraldine Price señala que las primeras menciones de Jonsu lo pintan como un dios que hay que temer, porque "estrangulaba a las deidades menores y se comía los corazones de los muertos".[66] También se le temía por su papel de Guardián de los Libros de Fin de Año, una lista de todas las personas que estaban destinadas a morir durante ese año.[67] Cuando Jonsu jugaba ese papel, se pensaba que tomaba la forma de un babuino, otro aspecto que comparte con Thoth.

A veces la ferocidad de Jonsu era llamada para expulsar demonios y curar a los enfermos. Vemos esto en uno de los principales mitos sobre Jonsu, que se conserva en una inscripción del siglo IV a. C. que detalla cómo curó a una princesa de una posesión demoníaca. En la historia, una princesa de un país llamado Bekhten se pone muy enferma porque un demonio se ha apoderado de ella. Se le pide ayuda al faraón Ramsés II, que está casado con la hermana de la princesa, así que envía a sus sabios a Bekhten para ver qué se puede hacer. El más erudito y hábil de todos estos sabios hace todo lo posible por curar a la joven, pero pronto descubre que no tiene ningún poder sobre el demonio. Los sabios regresan a casa, tristes de no haber podido ayudar.

Cuando Ramsés se entera de lo que ha pasado, va al templo de Jonsu a pedir ayuda. Los sacerdotes del templo sugieren llevar una estatua del dios a Bekhten para que el dios pueda luchar contra el demonio. Jonsu accede a ir, así que Ramsés lo envía a Bekhten con un gran séquito, y el dios es llevado inmediatamente ante la afligida princesa. Jonsu tiene una conversación con el demonio, que exige que el pueblo de Bekhten celebre un festival en su honor si quieren que se vaya. Jonsu decide que es una petición razonable y acepta los términos del demonio. El rey de Bekhten también está de acuerdo, y así el demonio se va, después de lo cual el rey celebra la fiesta como prometió. Una vez que el festival se completa, la princesa está

---

[66] Pinch, *Handbook*, 155.

[67] Pinch, *Handbook*, 155.

bien de nuevo, por lo que el rey ordena otro festival, esta vez para celebrar el regreso de la princesa a la salud y para dar gracias a Jonsu por su ayuda.

Después del festival de acción de gracias, los sacerdotes egipcios piden permiso para salir, pero el rey no quiere que se vayan porque teme que el demonio vuelva una vez que Jonsu se vaya. Los sacerdotes entonces hacen un santuario para Jonsu en Bekhten, donde se le honra mucho. Los sacerdotes y Jonsu pasan tres años en Bekhten, al final de los cuales el dios se le aparece al rey en un sueño y le dice que quiere volver a casa. El rey se entristece por esto, pero entiende lo que debe hacer. Les da a los sacerdotes muchos regalos para ellos y otros tesoros para que los pongan en el templo de Jonsu en Egipto. Los sacerdotes se llevan al dios a casa, y todos viven en paz a partir de entonces.

Maat (Ma'at, Ma'et, Mayet)

La diosa Maat era la personificación de la justicia, la ley, el orden cósmico y el derecho a la vida, y como tal era una de las deidades más importantes del panteón egipcio. A menudo se la representa como una bella mujer que lleva un vestido y una diadema en la que se ha colocado una pluma de avestruz. Sin embargo, Maat no solo era una diosa, sino que como concepto moral, religioso y legal, *maat* jugaba un papel vital en la realeza egipcia y en la vida diaria de todos los egipcios. La egiptóloga Geraldine Pinch señala que "el principal deber de un rey egipcio era ser el campeón de *maat*. En la vida después de la muerte, los muertos eran juzgados por si habían hecho y hablado *maat*".[68] Este juicio se llevaba a cabo pesando el corazón del difunto contra la pluma de avestruz de la diosa Maat. Un corazón justo tendría el mismo peso que la pluma, o incluso más ligero, mientras que un corazón malvado sería más pesado. A la persona con un corazón justo se le permitiría ir al paraíso, mientras que los que tenían corazones malvados eran consumidos por Ammit.

Maat solía ser vista como la esposa de Thoth y la hija de Ra, y se decía que viajaba con Ra en su barcaza solar. La autora Veronica

---

[68] Pinch, *Handbook*, 159.

Ions señala que Maat, cuando era parte de la tripulación de la barcaza de Ra, representaba "la luz que Ra trajo al mundo... creó el mundo poniéndola en el lugar del caos"[69].

Pero Maat era más que una criatura de Ra: también era la base del propio poder de Ra. Las representaciones visuales de esto a veces muestran a Ra sentado en un pequeño zócalo, que representa a Maat. Maat es la base sobre la que Ra se sienta, y por lo tanto, representa la base del orden cósmico. La representación de Maat como un zócalo que sostiene a un dios no se limita a Ra. Osiris y Ptah también se muestran frecuentemente de pie en esta plataforma, lo que refuerza visualmente su propia autoridad y dedicación a la justicia y el orden.

---

[69] Veronica Ions, *Egyptian Mythology* (New York: Peter Bedrick Books, 1990), 113.

Nefertum (Nefertem)

La palabra "nefer" significa "bello" en el antiguo egipcio, y el dios Nefertum se asociaba particularmente con la belleza de la flor de loto. Debido al dulce aroma del loto, Nefertum también era el dios de los perfumes. En la Tríada Menfita, Nefertum era el hijo de Ptah y Sejmet. Nefertum es a menudo representado como un joven hermoso, a veces con la cabeza de un león, con un tocado de flor de loto. Debido a esta asociación con el loto, Nefertum también estaba conectado en la imaginación religiosa egipcia a aspectos de la creación del universo y al dios creador Ra.

Una antigua historia de la creación egipcia dice que, al principio, solo había un loto flotando en las aguas de Nun. Cuando el loto se abrió, el dios del sol Ra nació de su interior. La egiptóloga Geraldine Pinch afirma que la conexión entre el sol y la flor de loto en este mito de la creación probablemente proviene de observaciones del comportamiento del loto. Solo se abre durante el día, y es polinizada por escarabajos, un insecto que se consideraba una forma de Khepera, el dios del sol naciente.[70]

---

[70] Pinch, *Handbook*, 158.

Neit (Neith)

La diosa Neit tenía su principal centro de culto en la ciudad de Sais en el Delta del Nilo. Su nombre parece significar "la aterradora", y su símbolo principal parece representar dos flechas cruzadas sobre un escudo. Estos atributos sugieren que originalmente era una deidad guerrera. A veces Neit es representada como una mujer que lleva un vestido, con el símbolo en forma de cartucho que se menciona en su cabeza, mientras que en otras ocasiones se la muestra con la corona roja del Bajo Egipto. Era una diosa del tejido, de las madres y de la sabiduría, y también se la consideraba una deidad creadora.

En su papel de creadora, Neit tenía un género no binario. Geraldine Pinch afirma que a Neit se la conocía como "Madre y Padre de todas las cosas", una deidad que "creó el mundo pronunciando siete palabras mágicas".[71] Esta versión del mito de la creación se conserva en el Templo de Khnum en Esna. En este mito, Neit emerge de las aguas primitivas, crea el montículo primitivo, y luego habla de la creación en la existencia.[72]

---

[71] Pinch, *Handbook*, 170.

[72] Barbara Watterson, *The Gods of Ancient Egypt* (New York: Facts on File, Inc., 1984), 176.

Neit era la madre del dios cocodrilo Sobek y era considerada una de las grandes diosas madres de Egipto. Era respetada por su sabiduría, y en el mito "La batalla de Horus y Set", los dioses le piden que resuelva la disputa sobre quién debe ser el rey de Egipto. Su respuesta en apoyo de Horus es cortés y simple, como es la costumbre de las mujeres mayores que están hartas de las disputas de los niños.

Neftis (Nebt-het)

Neftis era la hija del dios de la tierra Geb y de la diosa del cielo Nut. A pesar de que era la hermana de Isis, Osiris y Set, Neftis a menudo toma un papel secundario en la mayoría de los mitos. Sin embargo, su papel sigue siendo muy importante; es con la ayuda de Neftis que Isis puede volver a montar las piezas de su desmembrado marido y traerlo de vuelta a la vida. Por esta razón, Neftis fue asociada con la muerte y los funerales, y a menudo es representada de pie junto al féretro con Isis. Además, como diosa del tejido, Neftis fue específicamente asociada con el tejido de envoltorios de lino para momias.

Neftis estaba nominalmente casada con su hermano Set, al igual que Isis fue emparejada con Osiris. El matrimonio de Neftis no parece haber sido feliz; en un momento dado seduce a Osiris, y de esa unión nace Anubis. Neftis es más comúnmente representada como pasando tiempo con Isis en lugar de estar en ambos mitos y varias ilustraciones antiguas de escenas míticas.

Junto con Isis, Neftis tenía la función de una doliente en un funeral. Esto se muestra en los textos funerarios mencionados anteriormente, pero especialmente en un texto superviviente conocido como "Las lamentaciones de Isis y Neftis", en el que las dos diosas lloran por el asesinado Osiris. Este texto se realizó durante los ritos conmemorativos de la muerte de Osiris, y finalmente se incluyó como parte del *Libro de los Muertos*.

Nun (Noun, Nu)

Para los antiguos egipcios, Nun era simultáneamente un lugar, una sustancia, un concepto y una deidad. Nun era las aguas primordiales de las que surgió toda la creación, tanto como la sustancia de las aguas mismas y como el lugar donde esas aguas residían. Nun fue el lugar en el que el universo comenzó y un lugar que continuó existiendo incluso después de que el mundo fuera hecho. El dios creador Atum nació en medio de Nun, y es en Nun donde dio a luz a sus hijos Shu y Tefnut, el aire y la luz del mundo. Como concepto, Nun representaba la insustancialidad y la ausencia de forma, mientras que como deidad, Nun era la personificación con cabeza de rana tanto de las aguas primordiales como de la ausencia de forma, existiendo junto a su consorte con cabeza de serpiente Naunet como parte del Ogdóada Hermopolita, la colección de ocho deidades que surgieron de la nada para emprender los primeros actos de la creación.

Nun no era solo un dios del pasado, ni dejó de tener importancia cosmológica una vez que el mundo fue creado. Incluso después de que el universo cobrara vida, Nun jugó un papel importante en la comprensión egipcia de cómo funcionaba el mundo. Nun fluía a través del inframundo, y Nun fue el origen de las aguas del Nilo. Varias deidades y demonios habitaban en Nun, de donde podían surgir para ayudar o dificultar a los humanos. Por ejemplo, la gran serpiente Apep (Apofis) vivía en Nun y tenía que ser vencida todas las noches para que no devorara el sol mientras transitaba de oeste a este por las aguas del inframundo, y cuando el barco de Ra hacía ese tránsito con seguridad, algunos mitos afirmaban que eran las aguas de Nun las que levantaban el sol por la mañana.

Además del omnipresente Nilo, otras aguas se utilizaron como representaciones físicas de Nun en la antigua arquitectura y práctica religiosa egipcia. Por ejemplo, debido a que la diosa buitre Nejbet también habitaba en Nun, su templo en Elkab tenía un lago sagrado que representaba las aguas primordiales.

Las aguas que representaban a Nun eran una parte importante de la rutina diaria del faraón. Cada mañana, cuando el faraón se levantaba, se realizaba una ceremonia llamada "Rito de la Casa de la Mañana", en la que el faraón se bañaba y se vestía para el día. El agua utilizada para el baño se tomaba de una fuente sagrada y representaba a Nun. Se pensaba que bañarse en las aguas de Nun representaba el renacimiento del faraón, un eco del viaje de Ra a través de Nun en el inframundo para renacer cada mañana como el sol naciente. De esta manera, el cuerpo del faraón se alineaba con el de Ra y se le hacía participar en las actividades del propio dios.

El Ogdóada de Hermópolis

El Ogdóada era un conjunto de ocho dioses primitivos adorados en Khemenu en el centro de Egipto. Khemenu significa literalmente "Ocho Ciudad", una referencia al Ogdóada, pero hoy estamos más familiarizados con su nombre griego: Hermópolis ("Ciudad de Hermes"). El Ogdóada estaba compuesto por cuatro pares de deidades, cada par consistía en un dios y su consorte. Los dioses eran usualmente representados como hombres con cabezas de rana, mientras que las diosas eran mostradas como mujeres con cabezas de serpiente. Cada pareja divina representaba un concepto cósmico diferente, como se describe en la siguiente tabla:

Deidad	Concepto
Amón y Amonet	Ocultación
Heh y Hauhet	Eternidad
Kek y Kekhet	Oscuridad
Nun y Naunet	Aguas primitivas

Según la historia de la creación Hermopolita, estas ocho deidades crearon el mundo a partir de un montículo primitivo que se encontraba en las aguas de Nun. Estas aguas primordiales estaban representadas por un lago sagrado en el templo principal de Hermópolis, y se decía que una pequeña isla en medio del lago era el propio montículo primitivo. El mito continúa diciendo que una vez que los Ogdóada crearon el mundo, lo gobernaron durante un tiempo, luego murieron y se fueron al inframundo, donde continuaron haciendo fluir el Nilo y haciendo salir el sol.

Aunque los Ogdóada eran importantes deidades creadoras en Hermópolis, el mito de la creación de Hermópolis tenía de hecho otras cuatro variantes:

> 1. Un ganso celestial llamado el "Gran Cackler" pone un huevo en el montículo primitivo; el huevo contiene al dios Ra, que luego pasa a crear el mundo.
> 2. Similar a la primera versión, pero el pájaro que pone el huevo cósmico es un ibis, que representa al dios Thoth (identificado con Hermes por los griegos, que es el origen del nombre "Hermópolis").
> 3. Una flor de loto surge de las aguas primitivas, y cuando se abre, Ra nace de su interior.
> 4. Similar a la tercera versión, pero es un escarabajo dentro del loto, y cuando el escarabajo llora, se crean los humanos.

De las deidades en el Ogdóada, Amón y Nun pasaron a tener lugares importantes en la mitología y la religión de Egipto en su conjunto, mientras que las otras fueron adoradas principalmente en Hermópolis.

Osiris

Osiris, el dios muerto y resucitado, era una de las deidades más importantes del panteón egipcio. Hijo mayor de la diosa del cielo Nut y del dios de la tierra Geb, a Osiris se le atribuyó el haber llevado la civilización a los seres humanos, enseñándoles la agricultura y la ley, y dándoles grano para que cultivaran y comieran. Osiris era a la vez el hermano y el marido de la diosa Isis, que le ayudó en su trabajo durante su vida. Tras su desmembramiento por su celoso hermano Set y su posterior resurrección por Isis, Osiris descendió al Duat, o inframundo, donde se convirtió en el dios de los muertos y en el juez de las almas.

El nombre de Osiris en egipcio es *Usir*, que significa "poderoso" ("Osiris" es una versión latina del nombre.) Osiris estaba estrechamente asociado con el ciclo agrícola, y especialmente con las subidas y bajadas del Nilo, de las que dependía toda la agricultura egipcia. En su apariencia de dios de los muertos, Osiris suele ser representado con piel verde y envuelto en las bandas de una momia, llevando la corona *atef* blanca y emplumada y sosteniendo el cetro y el mayal que eran los símbolos de la realeza egipcia. El verdor de su piel no está conectado con la muerte, sino que es una referencia a su poder de dar vida a través de su control de las inundaciones del Nilo. Otras representaciones de Osiris lo muestran como un ser humano normal, vestido como un faraón egipcio.

El mito principal de Osiris afirma que cuando Osiris gobernó sobre Egipto hace mucho, mucho tiempo, su hermano Set se puso celoso de su poder y se las arregló para matarlo sellándolo dentro de un ataúd especialmente fabricado y arrojándolo al Nilo. El ataúd llega a las costas de la ciudad de Biblos, donde se aloja en las raíces de un tamarisco en crecimiento. Cuando el tamarisco ha crecido, el rey de Biblos lo corta para usarlo como un pilar en su palacio, sin tener en cuenta al dios que se esconde en su interior. La hermana-esposa de Osiris, Isis, se va de viaje en busca de su marido. Se las arregla para localizar el árbol de tamarisco y liberar el cuerpo de Osiris de él. Con la ayuda de otros dioses, resucita a Osiris, pero esta segunda vida no dura mucho. Set encuentra a Osiris y lo mata de nuevo, esta vez cortando su cuerpo en catorce pedazos que esparce por toda la tierra. Isis va en busca de los pedazos del cuerpo de su marido, y encuentra todo menos el pene, que fue arrojado al Nilo y devorado por un pez. Isis recompone a Osiris momificando su cuerpo, pero esta vez no puede quedarse en la tierra de los vivos, sino que baja al Duat, donde reina como rey.

Los orígenes del culto a Osiris son antiguos y complejos. A menudo se asume que tiene sus orígenes en la antigua ciudad de Djedu en el Delta del Nilo, donde puede haberse mezclado con un dios local de la fertilidad llamado Andjeti.[73] Originalmente, Osiris era un dios relativamente menor, considerado secundario al dios del sol, Ra, pero con el paso del tiempo, Osiris eclipsó gradualmente a Ra en algunos aspectos y se convirtió en una de las deidades primarias del panteón egipcio. Este cambio no se produjo de la noche a la mañana; aunque es posible que Osiris fuera adorado en las dinastías anteriores del Antiguo Reino, no es hasta

---

[73] Ions, *Egyptian Mythology*, 126.

los textos de la pirámide de la Quinta Dinastía que vemos que se le trata como el señor de los muertos y facilitador de la resurrección del rey. También es durante la Quinta Dinastía que vemos la nueva importancia de Osiris dentro de la religión egipcia.

La egiptóloga Rosalie David señala que a medida que el culto a Osiris creció en popularidad, hubo un cambio en la comprensión egipcia de la vida después de la muerte. Según David, al principio el paraíso solo era accesible para los faraones, pero durante el Reino Medio, este club exclusivo se abrió a otros nobles egipcios.[74] La democratización del más allá continuó hasta que finalmente se pensó que personas de todas las clases sociales podían entrar en el paraíso si habían vivido una buena vida.

El culto a Osiris, una vez establecido, se centraba principalmente en la ciudad meridional de Abidos, cerca de la actual ciudad de El Bayana, con un santuario menos importante en la ciudad de Busiris (actual Abu Sir Bana) en el Delta del Nilo central. Tradicionalmente se pensaba que Abidos era el lugar donde la cabeza de Osiris aterrizó después de su desmembramiento por Set, y Busiris el lugar al que Set arrojó la columna vertebral de Osiris. Situada a lo largo del Nilo en el Alto Egipto, Abidos tenía varios complejos de templos y también una necrópolis real, que se utilizaba para los entierros de los primeros faraones. El entierro en un lugar sagrado para Osiris probablemente reflejaba el deseo de que la persona enterrada resucitara como lo había hecho el dios.

Según el egiptólogo E. A. Wallace Budge, el templo de Abidos fue construido durante la Duodécima Dinastía por orden del faraón Sesostris III.[75] Budge señala que una descripción de este templo sobrevive en el texto de una estela hecha por Ikhernefert, el oficial encargado de su construcción. Además de la construcción del

---

[74] A. Rosalie David, *The Ancient Egyptians: Religious Beliefs and Practices* (London: Routledge & Kegan Paul, 1982), 73.

[75] E. A. Wallace Budge, *Osiris and the Egyptian Resurrection*, vol. 2 (London: P. L. Warner, [1911]), 4.

templo, que según la estela estaba hecha "de maderas de olor dulce, con incrustaciones de oro, plata y lapislázuli", Ikhernefert hizo que se hiciera una nueva estatua del dios y una nueva barca de neshmet. La barca de neshmet era tanto la barca sagrada en la que Osiris navegaba en su viaje por el inframundo, como se describe en el *Libro de los Muertos*, como un objeto físico en el mundo de los vivos, que formaba parte de las procesiones sagradas en honor al dios.[76]

Un esquema básico de algunos de los ritos de Osiris también sobrevive en la estela de Ikhernefert. Ikhernefert dice que la estatua del dios fue ricamente vestida y colocada dentro de su barca de neshmet, que luego fue llevada en una larga procesión que incluía varias etapas que ocurrieron de la siguiente manera:[77]

> 1. Una procesión en la que participaba el dios funerario de cabeza de chacal Upuaut (que no debe confundirse con Anubis), que funcionó durante este festival como sustituto o avatar del hijo de Osiris, Horus
> 2. Un simulacro de ataque al barco de Osiris cuando sale de su santuario en Abidos, en el que los atacantes son repelidos
> 3. La procesión de la barca neshmet se mueve hacia el este desde Abidos hasta Peqer (ahora Umm Al Qa'ab), donde se encuentra la necrópolis real, que representa la muerte de Osiris.
> 4. Otro simulacro de batalla en la orilla del río, en el que los seguidores de Osiris

---

[76] Budge, *Egyptian Resurrection*, 2, 4; véase tambien Martyn Smith, *Religion, Culture, and Sacred Space* (New York: Palgrave MacMillan, 2008), 53-4.

[77] Smith, *Religion, Culture, and Sacred Space*, 54-55.

son victoriosos (aunque el antiguo historiador Heródoto afirma que a veces estos simulacros de batallas descendieron a la violencia real)[78]

5. Una procesión para devolver la barca de neshmet a Abidos

6. Varios ritos de purificación dentro del templo del dios para cerrar el festival

La estela de Ikhernefert también conserva algunos indicios intrigantes sobre otras actividades de Ikhernefert con respecto al establecimiento del nuevo templo de Osiris. Al parecer, Ikhernefert había sido encargado de reformar el culto de Osiris además de su trabajo de construcción, ya que afirma haber instruido "a los sacerdotes de la hora del templo para que cumplieran con sus deberes y conocieran los rituales propios de cada día y las fiestas del comienzo de las estaciones".[79]

Además de presidir el Duat y juzgar las almas de los muertos, Osiris estaba inextricablemente ligado a la fertilidad. En el antiguo Egipto, esto significaba estar vinculado con el ciclo anual de inundaciones del Nilo, que continuó en el siglo XX hasta que la construcción de presas y un sistema de canales a lo largo del río pusieron fin a las inundaciones. Antes de los tiempos modernos, el ciclo anual de inundaciones del Nilo comenzaba a mediados de agosto, cuando los monzones que comenzaban el mes de mayo anterior en las tierras altas de Etiopía arrojaban una enorme cantidad de agua al Nilo y a otros ríos de la zona. La crecida del río se elevaba hasta finales de agosto y alcanzaba su punto máximo en septiembre, tras lo cual comenzaba a retroceder, dejando una capa de sedimento enormemente fértil. El retroceso de la inundación

---

[78] Herodotus II:63; Cary, trans., 119.

[79] Traducción en Smith, Religion, Culture, and Sacred Space, 53.

alcanzaba su punto más bajo en abril, y en el siguiente agosto, el ciclo comenzaría de nuevo.

Para los antiguos egipcios, las inundaciones anuales formaban parte integral no solo del calendario agrícola sino también del religioso, que conectaba el diluvio mismo y la fecundidad que promovía a la persona y los mitos sobre Osiris. En su papel de dios de la fertilidad, Osiris estaba vinculado al ciclo de vida de los cultivos de cereales, cuyo éxito estaba ligado al ciclo de las inundaciones. Los antiguos egipcios creían que así como Osiris moría y volvía a la vida dos veces, también la semilla "moría" cuando se sembraba solo para volver a levantarse y ser cortada de nuevo en el momento de la cosecha, cuando volvería a "morir" al ser transformada en productos alimenticios como el pan y la cerveza.[80] Los adoradores incluso hacían pequeñas efigies de los Osiris momificados, rellenos de semillas, que luego plantaban y cuidaban. Sin embargo, no solo el grano que crecía de la recompensa fangosa del Nilo estaba alineado con Osiris, sino que como afirma Verónica Iones, las aguas de la inundación también se consideraban "el sudor de las manos de Osiris y las lágrimas que Isis derramaba en el río".[81]

El mito de la muerte y posterior resurrección de Osiris ha llevado a algunos eruditos a intentar mostrar una línea de descendencia directa entre la antigua religión egipcia y el cristianismo, este último centrado en la muerte y resurrección de Jesús de Nazaret. Sin embargo, la opinión de los estudiosos está dividida en cuanto a si este linaje existe. Las historias de la muerte y la resurrección ciertamente parecen correr en paralelo, al menos hasta cierto punto. Un segundo paralelismo podría ser que Osiris se consideraba de alguna manera encarnado en el grano consumido por sus seguidores, mientras que según algunas sectas cristianas, se

---

[80] Henri Frankfort, *Ancient Egyptian Religion: An Interpretation* (New York: Harper & Row, 1948), 28.

[81] Ions, *Egyptian Mythology*, 108.

dice que la esencia de Jesús está contenida en el pan eucarístico debido a las palabras de la institución - "este es mi cuerpo" - expresadas en la Última Cena.[82] Y Jesús es visto como un guía y salvador que puede restaurar las almas de los muertos a una vida eterna que está abierta a todas las personas, sin importar la estación, un papel que comparte con Osiris.

Si existe una conexión orgánica real entre el culto a Osiris y el establecimiento del cristianismo sigue siendo una cuestión abierta, pero no lo es la adaptación y transformación del culto a Osiris en el contexto de la religión egipcia durante el período ptolemaico en Egipto. Osiris se combinó con el toro de Apis de Ptolomeo I en una nueva deidad conocida como Serapis, y el culto a Osiris como dios por derecho propio se fue desvaneciendo gradualmente, aunque los ritos se seguían realizando en el complejo del templo de File hasta mediados del siglo V de la era cristiana, cuando se prohibieron las prácticas paganas en favor del cristianismo.

Al igual que en el Egipto helenizado, Osiris recibió menos atención que Isis y Thoth por parte de los ocultistas y paganos modernos, aunque el interés de los estudiosos por Osiris como dios de la muerte y la resurrección se renovó a finales del siglo XIX, cuando Sir James George Frazer publicó *The Golden Bough*, un estudio comparativo de las religiones del mundo.[83] En ese estudio, Frazer conectó a Osiris con otros dioses como Tamuz/Dumuzi, un antiguo dios mesopotámico, y Attis, una deidad frigia. Sin embargo, los eruditos han disputado desde entonces muchas de las afirmaciones de Frazer, afirmando que no están respaldadas por las pruebas.[84]

---

[82] Mark 14:22-25; Luke 22:18-20.

[83] James George Frazer, *The Golden Bough: A Study in Magic and Religion*, third ed. Part IV, Vol. 11, *Adonis Attis Osiris* (London: The MacMillan Press, Ltd., 1914).

[84] Véase, por ejemplo, Paul Rhodes Eddy and Gregory A. Boyd, *The Jesus Legend: A Case for the Historical Reliability of the Synoptic Jesus Tradition* (Grand Rapids: Baker Academic, 2007), 143.

Ptah

El dios supremo de la ciudad de Memphis era Ptah. En la cosmogonía menfita, Ptah es el dios creador del que brotan todos los demás dioses al principio de la creación. Primero, Ptah (que también se identifica con Nun, las aguas primitivas) crea Atum, y luego Atum pasa a crear la Enéada, una colección de nueve dioses adorados principalmente en Heliópolis. Ptah también crea el mundo y pone en orden la tierra de Egipto. Algunos eruditos piensan que la elevación de Ptah a creador supremo podría haber sido un intento por parte de sus sacerdotes en Menfis de crear una jerarquía en la que los principales dioses de Heliópolis se subordinen a los de Menfis.[85]

Ptah suele ser representado como un hombre con un sombrero apretado y una barba recta. Sostiene el cetro *uas*, que era el símbolo del poder y la autoridad en Egipto. Este cetro tiene dos pequeños cuernos en su pie y un gancho con una especie de cuerno en la parte superior. Algunas imágenes de Ptah muestran su cuerpo envuelto en las vendas de lino de una momia, con piel verde en su cara y manos. La consorte de Ptah es la diosa con cabeza de león

---

[85] Hart, *Dictionary*, 129.

Sejmet, y su hijo es Nefertum, de quien se dice que se originó como una flor de loto y que se asoció con la fragancia y los perfumes.

Ptah era el patrón de los artesanos en el antiguo Egipto. El egiptólogo George Hart informa que las imágenes de los artesanos rezando a Ptah sobreviven en las estelas de lo que hoy es Deir el-Medina. Estas estelas fueron hechas por los trabajadores que hacían trabajos de escultura para tumbas en el Valle de los Reyes.[86] Esta conexión entre Ptah y la artesanía quizás alcanzó su punto culminante en la persona de Imhotep, que sirvió durante la Tercera Dinastía como maestro escultor del faraón Zoser, y que puede haber sido el arquitecto de la pirámide escalonada de Zoser. La reputación de Imhotep por su sabiduría e integridad lo llevó a ser deificado, en cuyo momento se le llamó a menudo "hijo de Ptah". (Véase el capítulo sobre Imhotep más arriba).

---

[86] Hart, *Dictionary*, 130-31.

Ra (Re, Pre)

Ra era el dios egipcio del sol, un creador todopoderoso que cabalgaba en la Barca de Millones de Años a través del cielo cada día para traer luz y vida a la tierra. Por la noche, la barca descendía al inframundo, donde Ra y su tripulación tenían que enfrentarse a varios peligros para llegar al otro lado para que el sol pudiera salir de nuevo por la mañana. El principal enemigo de Ra era la gran serpiente Apep (Apofis), que tenía que ser asesinada cada noche. El principal centro de culto de Ra estaba en la ciudad de Heliópolis, y finalmente se identificó con el dios creador Atum. El egiptólogo Leonard Lesko observa que el culto de Ra era tan influyente y poderoso que finalmente se apropió de las cosmologías Heliopolitana y Hermopolita, integrándolas en la mitología sobre los orígenes, poderes y el papel de Ra dentro del panteón.[87]

Un ejemplo de esta asociación con la cosmología Heliopolitana viene del *Libro de los Muertos*. En ese texto, Atum, el dios primario de la Enéada Heliopolitana, es la manifestación del creador al principio de la creación, justo después de su surgimiento

---

[87] Leonard H. Lesko, "Ancient Egyptian Cosmogonies and Cosmology", in *Religion in Ancient Egypt: Gods, Myths, and Personal Practice*, ed. by Byron E. Shafer (Ithaca: Cornell University Press, 1991), 115.

de las aguas primordiales, mientras que Ra es su manifestación en la persona del dios sol y como el propio sol.[88] En los mitos de la creación, por lo tanto, Atum y Ra se convierten en versiones intercambiables de la misma deidad.

Ra también tenía múltiples formas en su manifestación como el sol. Ra-Horajty representaba al sol al mediodía, mientras que Ra-Atum era el sol poniente y Khepera el sol naciente por la mañana. Cada una de estas formas tenía sus propias representaciones visuales. Khepera era el escarabajo, que empujaba el sol por encima del horizonte de la misma manera que estos escarabajos empujan bolas de estiércol. Ra-Horajty fue representado como un hombre con cabeza de halcón, y Ra-Atum fue representado como un hombre humano que llevaba la doble corona de Egipto. Además, a veces se decía que Ra se convertía en Osiris por la noche, cuando viajaba por el inframundo.

Aunque cada una de estas representaciones muestra una figura masculina, la manifestación del poder de Ra, el Ojo de Ra, fue concebido como femenino. El Ojo era a la vez parte de Ra y separado de él. Podía separarlo y enviarlo a cumplir sus órdenes, y cuando lo hacía, era en forma de diosa, como Hathor o Sejmet. Vemos esto en el mito en el que Ra decide destruir a toda la humanidad porque llevan vidas malvadas y no adoran a los dioses adecuadamente. Para lograrlo, Ra envía su Ojo en forma de Hathor (que también es Sejmet) para matar a toda la gente y arrasar sus tierras. Debido a que el Ojo estaba separado de Ra, no siempre ejercía un control total sobre él. En el mito de la "Diosa Distante", el Ojo de Ra (de nuevo en forma de diosa como Hathor) huye al desierto y tiene que ser traído de vuelta y reunido con Ra.

La encarnación viva del *ba*, o espíritu, de Ra era el toro de Mnevis, un toro sagrado que estaba en el templo de Ra en Heliópolis. Este animal era normalmente todo negro, y tenía dos

---

[88] Lesko, "Cosmogonies and Cosmology", 113.

vacas que le servían de esposas. Se decía que las vacas representaban a las diosas Hathor, que a menudo funcionaba como el Ojo de Ra, e Iusas, una diosa de la que se decía que era la mano de Atum que trabajaba para producir la semilla de la que toda la creación estaba hecha. Cuando el toro de Mnevis murió, fue momificado y enterrado con gran ceremonia. La egiptóloga Barbara Watterson señala que el toro de Mnevis siguió siendo un aspecto popular e importante del culto a Ra hasta bien entrado el período ptolemaico.[89]

En algunos mitos, Ra es representado como débil y viejo, o como vacilante, malhumorado y sin ganas de decir en voz alta lo que realmente cree. En la historia de cómo Isis aprendió el verdadero nombre de Ra, se describe a Ra como un anciano incontinente que ha perdido todos sus dientes, e Isis lo tortura con mordeduras de serpientes venenosas hasta que él cede y le dice su nombre. En "La batalla de Horus y Set", Ra-Horajty es el rey de los dioses, pero cuando el asunto en cuestión no se resuelve rápidamente o a su gusto, se va a su tienda para enfurruñarse. Además, Ra-Horajty apoya el reclamo de Set al trono, pero no se presenta para ordenar que se le dé la corona a Set; de hecho, se le describe como el que secretamente apoya a Set sobre Horus. En este cuento, Ra-Horajty carece del valor de sus convicciones, y propone varias maniobras para que otros tomen la decisión por él.

Ra a menudo se sincretizaba con otras deidades. Amón-Ra fue una sincretización especialmente importante en el Nuevo Reino. Otras sincretizaciones incluían a Sobek-Ra y Khnum-Ra.

---

[89] Watterson, *Gods of Ancient Egypt*, 68.

Serapis (Sarapis, Userhapi)

A diferencia de los otros dioses del panteón egipcio, Serapis no era un producto de la imaginación religiosa nativa egipcia. Serapis no surgió de la comprensión del mundo o de sus orígenes por parte de los egipcios nativos, ni se alió con las ideas egipcias nativas sobre las estructuras sociales y políticas. En su lugar, Serapis fue una deidad construida a propósito por Ptolomeo I, el sucesor griego de Alejandro Magno, que deseaba encontrar alguna forma de fusionar la expresión religiosa griega y egipcia y así dar legitimidad al gobierno de Egipto por sus conquistadores griegos.

Serapis fue en parte una sincretización del dios Osiris y el toro de Apis. El toro de Apis era adorado particularmente en Menfis, donde se decía que era el hijo de Hathor y el heraldo de Ptah, y donde era un símbolo del faraón gobernante. El culto al toro de Apis había sido una característica de la religión egipcia al menos desde la Primera Dinastía, y el culto a Osiris se hizo común durante la Quinta, por lo que ambos ya estaban bien arraigados en el panteón egipcio para cuando los ptolemaicos llegaron al poder.

Además de esta sincretización de las antiguas deidades egipcias, Ptolomeo añadió características griegas a Serapis para completar el atractivo del nuevo dios tanto para los griegos como para los egipcios. Por ejemplo, cuando se hicieron las imágenes de Serapis, se construyeron siguiendo las mismas líneas que otras representaciones griegas contemporáneas de figuras religiosas y políticas. Por lo tanto, Serapis es representado de manera realista como un hombre adulto musculoso con pelo largo y rizado y barba, a menudo con una cesta en la parte superior de la cabeza, y compartía ciertos rasgos con dioses griegos como Zeus, Dionisio y Hades.

Esta asociación con Hades, que en Roma era conocido como Plutón, está atestiguada en los escritos del antiguo historiador Plutarco, quien también afirma que Serapis fue llevado a Egipto por Ptolomeo I como resultado de un sueño.[90] En el sueño, la estatua de Plutón en Sinope le dice a Ptolomeo que lo tome de Sinope y lo lleve a Alejandría. La estatua supuestamente incluía una representación del perro de tres cabezas de Plutón, Cerbero. Plutarco continúa diciendo que cuando la estatua llegó a Alejandría, Ptolomeo declaró que era una representación de Serapis.

Para formar la tradicional tríada egipcia, se dijo que Serapis era el esposo de Isis y el padre de Horus. La forma de Horus utilizada era la de Harpócrates, la deidad infantil alada que era el dios de los secretos y que ya había encontrado el favor de los adoradores griegos. Aunque los sacerdotes egipcios de Heliópolis intentaron integrar a Serapis en su pensamiento religioso postulando que Serapis fue creado cuando el alma del toro de Apis entró en la otra vida y se fusionó con Osiris, Serapis nunca encontró realmente mucho favor entre la población nativa egipcia, que prefería adorar a sus propios dioses tradicionales.[91]

Serapis era mucho más popular fuera de Egipto, especialmente en Roma. En Roma, Serapis era venerado junto con Isis, que tenía un templo que había sido construido por el emperador Calígula en el Campus Martius, una importante zona de la antigua Roma que

---

[90] C. W. King, trans. *Plutarch's Morals: Theosophical Essays* (London: George Bell & Sons, 1889), 22-23.

[91] Ions, *Egyptian Mythology*, 122.

albergaba baños públicos y el templo conocido como el Panteón, que todavía está intacto y puede ser visitado hoy en día.

El emperador romano Vespasiano, en particular, parece haber hecho uso del poder atribuido a Serapis para impulsar su propia popularidad y autoridad, sobre todo dentro de Egipto, que en ese momento formaba parte del Imperio romano. El antiguo historiador Tácito informa que mientras Vespasiano visitaba Alejandría, un ciego y un hombre con una mano incapacitada se acercaron a Vespasiano diciendo que Serapis los había enviado al emperador para que los curara.[92] Al principio Vespasiano se burló de esto, pero luego hizo lo que los dos hombres discapacitados pidieron, y fueron curados. Según Tácito, Vespasiano se propuso ir al Serapeum, o templo de Serapis, donde ordenó a todos los demás que se fueran para poder consultar al dios a solas. Allí Vespasiano tuvo una visión, que consideró que había sido enviada por el propio Serapis.

Serapis era lo suficientemente importante en la Roma imperial como para ser representado en monedas. Las monedas de los reinados de Vespasiano y de algunos emperadores posteriores muestran el rostro del emperador de perfil en una cara y una imagen de Serapis, a veces acompañado de Isis, en la otra.

---

[92] Cornelius Tacitus, *The Works of Tacitus: The Oxford Translation, Revised*, vol. 2: *The History, Germany, Agricola, and Dialogue on Orations* (New York: Harper & Brothers, Publishers, 1858).

Set (Seth, Sutekh)

Set es uno de los más antiguos dioses egipcios, habiendo sido venerado en el período predinástico. Set también es un personaje ambivalente, que representa tanto el bien como el mal. El que su papel sea bueno o malo depende en parte del período de tiempo y en parte de la actividad en la que Set está involucrado en ese momento. Fue el asesino de su hermano Osiris y un pretendiente al trono de Egipto, pero también cabalgó en la proa de la barcaza solar y mató a Apep, la serpiente gigante que amenazaba con devorar el sol cada noche.

Como dios del caos, el trueno y los desiertos, Set es representado como un hombre con la cabeza de un extraño animal que nunca ha sido identificado definitivamente. El animal Set es de color negro, con un hocico largo y estrecho y dos orejas rectas y rectangulares. Algunos estudiosos han dicho que el animal-Set es una criatura compuesta de partes de otros animales, mientras que otros han sugerido que podría representar un tipo de perro parecido al Saluki moderno.

En el mito egipcio, Set es representado como celoso y despiadado, dispuesto a asesinar, mutilar y violar para salirse con la suya. En el Nuevo Reino, Set también es representado como un hombre más fuerte que inteligente; vemos esto especialmente en la historia "La Batalla de Horus y Set", donde es fácilmente engañado por Horus e Isis, quienes están tan dispuestos a engañar como Set.

Tal vez la historia más famosa en la que aparece Set es la de Isis y Osiris. En esta historia, que se resume en los capítulos anteriores sobre las dos últimas deidades, Set se las arregla para asesinar a Osiris no una sino dos veces para robarle el trono. En el segundo caso, Set desmiembra a Osiris, y como el pene de Osiris es consumido por un pez, Osiris nunca volverá a estar entero, a pesar de los heroicos esfuerzos de Isis, Anubis, Thoth y otras deidades que trabajan juntas para resucitarlo.

En la historia en la que Set se disputa el trono con Horus, resumida en el capítulo sobre Horus, Set no está dispuesto a aceptar el juicio de la corte de los dioses, y propone varios concursos entre él y Horus para ver quién debe tener el trono de Egipto. Ninguno de los dos concursos se decide a favor de uno u otro, porque Horus y su madre Isis intentan hacer trampas y así distorsionar los resultados. Por otro lado, a pesar de que puede ser asesino y bastante estúpido, trata de seguir las reglas cuando acepta estos desafíos.

Sin embargo, las reglas se van por la ventana cuando Set ve la oportunidad de desacreditar a Horus primero intentando violarlo y luego tratando de avergonzarlo diciendo públicamente que el sexo fue consentido. Este truco se revierte cuando Set termina eyaculando en las manos de Horus. Horus entonces pide la ayuda de su madre para mostrar que Set estaba mintiendo sobre lo que realmente pasó. Set también aprovecha la oportunidad de mutilar a Horus mientras éste duerme y por lo tanto está indefenso, pero Horus es finalmente devuelto a la salud por Hathor.

A principios de la historia egipcia, Set era venerado principalmente en el Alto Egipto, donde tenía un centro de culto en Kom Ombo. Más tarde, Set fue venerado en todo el país, y varios faraones le tenían una devoción particular. Sin embargo, con el tiempo, Set comenzó a ser visto más como una fuerza para el mal y cayó en desgracia. La egiptóloga Geraldine Pinch informa que a partir del Nuevo Reino, la religión egipcia comenzó a concentrarse más en los crímenes de Set, de modo que los sacerdotes de Horus en Edfú "celebraron un día de castrar a Set y 'reducirlo a pedazos' en represalia por la mutilación de Set del cuerpo de Osiris y el Ojo de Horus".[93] El proceso de demonización de Set continuó desde el Nuevo Reino en adelante y, como afirma Pinch, alcanzó su punto álgido durante el período grecorromano, en el que "Set fue vilipendiado en la mayoría de los templos".[94]

---

[93] Pinch, *Handbook*, 193.
[94] Pinch, *Handbook*, 193.

Sobek (Suchos)

Sobek con cabeza de cocodrilo era un dios de las aguas y de la fertilidad y el hijo de la diosa madre Neit. Sobek era originalmente una deidad específica de la región de Fayum, que en la antigüedad era un oasis pantanoso, situado a unos sesenta kilómetros al sur de lo que hoy es El Cairo. Durante la Duodécima Dinastía, faraones como Amenemhat III trabajaron para aprovechar el agua de la región de Fayum creando un canal desde el Nilo hasta el lago Moeris, que parece haber sido utilizado como una especie de depósito que podía ser utilizado en tiempos de sequía. El principal asentamiento en Fayum en la antigüedad era Shedet, conocido en griego como Crocodilopolis.

Los cocodrilos son nativos del Nilo, y dado que los antiguos egipcios a menudo asociaban animales particulares con deidades particulares, no debe sorprender que un dios cocodrilo haya sido adorado en una región conocida por sus humedales. Los antiguos templos de Sobek incluso mantenían cocodrilos vivos como ejemplos del dios. Los sacerdotes cuidaban de los animales celosamente y los embalsamaban para darles un entierro adecuado cuando morían. Los exámenes de los cocodrilos adultos momificados han encontrado incluso conjuntos de bebés momificados en las bocas de los adultos, probablemente una representación de una forma en la que los cocodrilos vivos cuidan de sus crías. La egiptóloga Salima Ikram especula que "la inserción de los bebés de esta manera tenía la intención [*sic*] de enfatizar el aspecto positivo de la crianza y el cuidado de esta temible bestia".[95]

Además de su culto en el Fayum, Sobek tenía un gran templo en Kom Ombo, que se encuentra a mitad de camino entre Edfú y Asuán. En Kom Ombo, Sobek era venerado junto con Horus. A Horus se le dio un lado del templo, mientras que Sobek tenía el otro, y a cada dios se le dio un avatar de Hathor como su consorte. El hijo de Horus era el dios Pantebtawy, "Señor de las Dos Tierras", mientras que a Sobek se le dio el dios de la luna, Jonsu, para que fuera su hijo.[96] Sin embargo, la egiptóloga Barbara Watterson señala que esta combinación viene con cierta disonancia, ya que el enemigo tradicional de Horus, el dios malvado Set, a menudo tomaba la forma de un cocodrilo.[97] Watterson postula que el culto a Sobek en Kom Ombo estaba destinado a ser un sustituto del culto a Set, cuyo culto había sido prohibido.[98]

---

[95] Salima Ikram, "Protecting Pets and Cleaning Crocodiles: The Animal Mummy Project", in *Divine Creatures: Animal Mummies in Ancient Egypt*, editado por Salima Ikram (Cairo: The American University of Cairo Press, 2005), 219.

[96] Watterson, *Gods of Ancient Egypt*, 121.

[97] Watterson, *Gods of Ancient Egypt*, 121.

[98] Watterson, *Gods of Ancient Egypt*, 122.

Thoth

En la mitología egipcia, Thoth ocupaba una posición de gran importancia como creador de la escritura y la ley, y como el dios que supervisaba el calendario y ordenaba los tiempos y las estaciones. Hoy en día, mucha gente está familiarizada con la representación de Thoth como un hombre con la cabeza de un ibis, pero en el antiguo Egipto también fue representado en forma de babuino, a veces con un disco lunar sobre su cabeza y a veces sin él. Al igual que otras deidades egipcias, Thoth fue adoptado por devotos de fuera de Egipto, llegando a sincretizarse con el dios mensajero griego Hermes. La asociación de Thoth con la magia y el conocimiento también atrajo el interés de alquimistas, magos y ocultistas tanto en el Renacimiento como en tiempos más modernos.

No hay un solo mito que describa los orígenes de Thoth. Dependiendo de la fuente, se dice que surgió por su propio poder o que el dios del sol Ra le habló de su existencia. En el mito anterior, Thoth es también el creador del universo, un acto que realiza en su forma de ibis poniendo el huevo del que toda la materia y todo el ser nace al principio del tiempo.

Estas diferentes concepciones de Thoth y sus orígenes surgen tanto de los cambios en el pensamiento religioso egipcio a través del tiempo como de las diferencias regionales en las prácticas religiosas. En la ciudad de Menfis, el dios supremo era Ptah, y Thoth fue conceptualizado como la lengua y la sabiduría de Ptah.[99] El mito del huevo mencionado anteriormente, por el contrario, proviene de la ciudad de Hermópolis, y puede haber sido una adición posterior a la doctrina y la práctica religiosa allí.[100] De hecho, el mismo nombre de Hermópolis es una referencia a Thoth. El nombre original egipcio era Khemenu, una referencia a los Ogdóada, u Ocho Dioses, que eran adorados en esa ciudad, pero cuando Egipto fue helenizado, el nombre fue cambiado a Hermópolis, que literalmente significa "Ciudad de Hermes" en griego. Este cambio se produjo debido a la sincretización del dios griego Hermes con Thoth y a la importancia central de Thoth para la práctica religiosa egipcia en Hermópolis.

En todas partes de Egipto, Thoth era considerado un dios lunar. Un mito explica que Thoth adquirió su asociación con la luna cuando la diosa Nut, que estaba muy embarazada, le pidió ayuda para revertir la maldición que le había impuesto Ra, quien le había dicho que no podría dar a luz durante ningún día del calendario, que en ese momento tenía 360 días. Thoth resuelve el problema apostando con el dios de la luna Jonsu, poniendo en juego un quinto de la luz de Jonsu. Cuando Thoth gana el concurso, utiliza la luz de Jonsu para crear cinco días intercalados, durante los cuales Nut es finalmente capaz de dar a luz a Osiris, Horus, Set, Isis y Neftis. En este mito, también vemos el papel de Thoth como un dios del tiempo y del calendario, ya que es su apuesta con Jonsu la que permite que el calendario se expanda de los 360 días lunares a los 365 días solares. Por lo tanto, Thoth es responsable de asegurar que las estaciones y el calendario permanezcan alineados.

A Thoth se le atribuyó la invención del arte de la escritura, y por esta capacidad fue especialmente venerado por los escribas del

---

[99] Ions, *Egyptian Mythology*, 28.
[100] Ions, *Egyptian Mythology*, 29.

antiguo Egipto. Debido a esta asociación con las palabras y la escritura, Thoth fue representado como el registrador de los hechos humanos que estaba con Anubis junto a las balanzas que pesaban los corazones humanos después de la muerte para determinar el destino final eterno del alma. En otros contextos, Thoth usa sus habilidades con la escritura y su sabiduría para funcionar como escriba, heraldo y juez del dios supremo Ra y las otras deidades. Vemos esto en el mito del Nuevo Reino "La batalla de Horus y Set", resumido en el capítulo anterior sobre Horus. Cuando Ra desea enviar cartas a varios dioses y diosas, es Thoth quien toma el dictado de Ra y envía las cartas. En esta historia, Thoth también hace proclamaciones interpretativas instituyendo las órdenes de varias deidades. Cuando Thoth hace declaraciones como "¡Que se haga esto!" funciona tanto como un juez que determina si las leyes deben ser promulgadas como un heraldo que anuncia el inicio de una nueva ley.

Durante el período Ptolemaico, Thoth fue absorbido por la religión griega y romana, donde se sincretizó con el dios griego Hermes, como se mencionó anteriormente, y con el dios romano Mercurio. Como Thoth, Hermes estaba asociado con la escritura y era considerado el mensajero o heraldo de los dioses del Olimpo. Thoth también adquirió el papel de Hermes como guía de las almas en el inframundo, y se le conoció como "Hermes Trismegisto", o "Tres veces Gran Hermes".

Como Hermes Trismegisto, Thoth fue acreditado por haber escrito una serie de libros sobre magia, conocidos colectivamente como el *Corpus Hermeticum*, o "Cuerpo de Obras de Hermes". Estos textos fueron, de hecho, escritos por un autor humano anónimo durante el siglo II d. C. y no por el propio Thoth, pero la asociación con el dios otorgó al *Corpus* un cierto prestigio entre los magos y los buscadores de la verdad. El *Corpus* también fue increíblemente importante para los magos del Renacimiento y de la Primera Edad Moderna y fue un texto central en la práctica de la alquimia, una ciencia mágica que sentó algunas de las bases importantes de la química moderna.

El interés en la magia de Thoth fue revivido a finales del siglo XIX y principios del XX por grupos como la Orden Hermética de la Aurora Dorada, un grupo secreto interesado en la magia y el ocultismo cuyos miembros incluían a la revolucionaria irlandesa Maud Gonne y a los autores Sir Arthur Conan Doyle, W. B. Yeats y Bram Stoker. Otro miembro de la Orden era el ocultista Aleister Crowley, cuyo *Libro de Thoth* es un ensayo sobre la historia y los usos de la baraja de tarot que se basa en aspectos de varias religiones y mitologías antiguas, incluyendo las de Egipto. Crowley conecta especialmente a Thoth con la figura del tarot del Malabarista (también conocido en el tarot moderno como el Mago), que Crowley consideraba que estaba alineado con Mercurio, tanto el planeta como el dios romano.

El Duat (Tuat)

El Duat era el antiguo inframundo egipcio, y tenía múltiples funciones dentro de la religión y la cultura egipcia. Algunas funciones eran cosmológicas, pero la mayoría de ellas se relacionaban con creencias sobre la muerte y con prácticas funerarias. El Duat era el lugar donde la gente iba inicialmente cuando moría. Era el dominio de Osiris, y era donde se pesaban los corazones de los muertos para ver si eran puros y limpios y, por lo tanto, dignos del paraíso o no. El Duat también era el lugar que el dios del sol tenía que atravesar cada noche al ir de oeste a este para comenzar un nuevo día, y era el lugar al que las estrellas descendían cuando terminaba su temporada en el cielo.

Tanto para los seres humanos como para el dios del sol Ra, el Duat era un conducto para el renacimiento, no un lugar de descanso final. Los antiguos egipcios creían que cuando el sol descendía por debajo del horizonte occidental por la noche, entraba en el Duat. Cuando el dios del sol entraba en el Duat como Atum-Ra, el cuerpo del dios se separaba de su *ba*, o alma, y el cuerpo era desechado. Por lo tanto, el dios del sol necesitaba ser unido con un nuevo cuerpo y rejuvenecer antes de que pudiera levantarse de nuevo en el este como Khepera, el escarabajo que empujaba el sol hacia el cielo desde las aguas de Nun.

La barcaza del sol a veces se conocía como el barco de Atet o la Barca de Millones de Años, pero cuando entraba en el inframundo, fue renombrada como el barco de Meseket o el barco de Sektet. Debido a que no había viento en el Duat, la barcaza tenía que ser remada o remolcada a lo largo del camino entre la entrada occidental y la salida oriental. El trabajo de remolcar o remar lo hacían diferentes grupos de deidades, dependiendo de dónde se encontraba la barcaza en ese momento a lo largo del camino. El dios del sol siempre era un pasajero, y solo ayudaba en el viaje hablando con los diferentes seres que se encontraban en el Duat.

Cuando un ser humano moría, su alma descendía al Duat, donde tenía que abrirse camino hasta el lugar donde el dios Anubis pesaba los corazones de los muertos. Si se encontraba que el corazón de la persona muerta era puro y bueno, la persona dejaba el Duat y se iba al Campo de Cañas, que era el paraíso egipcio. En el Campo de Cañas, la persona muerta se reunía con su cuerpo, y continuaba viviendo de la misma manera que lo había hecho antes de la muerte, solo que sin dolor, enfermedad, hambre o trabajo duro. Sin embargo, si el corazón era malo, el alma era devorada por Ammit y era destruida para siempre, para nunca reunirse con el cuerpo.

La antigua fascinación egipcia por el Duat y la vida después de la muerte se manifiesta en los cientos de textos funerarios supervivientes que describen los peligros, los habitantes y las características geográficas del Duat. Estos textos también proporcionaban hechizos y otra información que el alma de la persona muerta necesitaría para navegar por los peligros del Duat. Al principio, los textos funerarios se escribían solo en las tumbas de los faraones, porque se creía que solo el faraón era capaz de ir al paraíso y vivir para siempre. Más tarde, este privilegio se concedió a la nobleza, pero finalmente se pensó que cualquier egipcio podía ser elegible para la resurrección y la vida eterna en el Campo de Cañas. Este cambio doctrinal creó un mercado de textos funerarios, que serían enterrados con el cuerpo momificado para el uso de la persona muerta mientras hacían su camino a través del Duat.

Los textos funerarios se pusieron a disposición de cualquiera que tuviera los fondos para comprarlos, comenzando en el Nuevo Reino. Dos de los textos más importantes fueron el *Libro de los Muertos* y el *Amduat*. Este último es un libro profusamente ilustrado cuyo título significa literalmente "lo que hay en el inframundo", y da una descripción detallada del viaje nocturno del sol. El *Libro de los Muertos*, por el contrario, es menos una descripción del inframundo que una guía práctica de cómo atravesarlo.

Según el *Amduat*, el Duat se dividía en doce regiones, y cada región representaba una de las doce horas de la noche. Cada región tiene sus propias características geográficas y está habitada por su propio conjunto de deidades, algunas de las cuales se unen temporalmente a la tripulación de Ra para llevar su barcaza de un extremo a otro de la región. Una de estas deidades que está a bordo solo a través de una región en particular se llama la "Dama del Barco"; su deber es proteger a Ra y su barcaza mientras esté en su territorio. Además de las deidades y de los diversos rasgos físicos, algunas regiones también tienen peligros que deben ser negociados. La propia barcaza solar sufre cambios dependiendo de dónde se encuentre en ese momento. Por ejemplo, el Ra momificado suele estar sentado en un espacio abierto en medio de la barcaza o bien bajo una especie de tienda, pero en un momento dado una serpiente gigante amistosa sube a bordo y forma una nueva tienda con su cuerpo para proteger a Ra en esa parte de su viaje.

A continuación hay descripciones muy abreviadas de las doce regiones según el *Amduat*.[101]

---

[101] Sinopsis basada en E. A. Wallace Budge, *The Egyptian Heaven and Hell,* vol. 1: *The Book Am-Tuat* (London: Kegan Paul, Trench, Trübner & Co., Ltd., 1905); Erik Hornung, *The Ancient Egyptian Books of the Afterlife,* trans. David Lorton (Ithaca: Cornell University Press, 1999), 33–53; y Remler, *Egyptian Mythology A to Z,* 9.

1. En una ilustración para esta región, el dios del sol se encuentra en el centro de la barcaza en su forma de *ba* como un hombre con cabeza de carnero y un disco solar entre sus cuernos; en otra, se le muestra como un escarabajo. El egiptólogo Erik Hornung afirma que esto tiene como objetivo mostrar que se espera que el viaje del sol se complete con éxito.[102] Nueve babuinos en esta región tienen el trabajo de abrir las puertas del Duat para que la barcaza solar pueda pasar, mientras que otros nueve le cantan a Ra. Debido a que el sol está muerto y no tiene luz en este punto, hay serpientes mágicas que proporcionan luz en esta región. Varias otras deidades alaban al dios del sol, que pide permiso para entrar en el Duat propiamente dicho. El permiso es concedido, y los babuinos abren las puertas.

2. Aún en su forma de cabeza de carnero (que, con una excepción, conservará hasta el final del viaje), el dios del sol cabalga en su barcaza a lo largo de un arroyo. Varios remeros impulsan la barcaza. Isis y Neftis están a bordo en forma de serpientes. La barcaza de Ra está acompañada por varias otras barcazas en esta etapa. Una es la barcaza de la luna, otra es la barcaza de Hathor, una tercera está ocupada por un dios en forma de lagarto, y la última es la barcaza de Neper, el dios del grano, que es un avatar de Osiris. Muchos otros dioses y diosas están en esta región también, que alaban a Ra y le piden que se renueve. Ra responde con bendiciones para los habitantes de la región y una orden para desterrar a los seres malvados. Luego pide ayuda en su viaje a través del Duat.

3. La barcaza es remada junto con Ra con cabeza de carnero en el medio. Como en la segunda región,

---

[102] Hornung, *Books of the Afterlife*, 34.

hay otros cuatro barcos en el río con la barcaza solar. La primera se llama "la barcaza que vuelca", y lleva a las deidades de Horus. La segunda y tercera barcaza se llaman "la barcaza de descanso" y "la barcaza de la rama", respectivamente. Cada una lleva un Osiris momificado. Además de la deidad principal, cada uno de estos barcos subsidiarios tiene una tripulación de otros dioses y diosas. Las formas momificadas de Osiris aparecen también en otras ilustraciones de esta región.

4. En la cuarta región, el agua no fluye. La barcaza tiene que ser remolcada sobre arena, y es una barcaza diferente a la de las tres primeras regiones, con cabezas de serpiente en la proa y en la popa. La cuarta región se llama "región de Sokar". Sokar (o Seker) era el dios menfita de los muertos. Las serpientes se deslizan por la arena aquí, y en lugar de moverse directamente a través de la página, el barco solar ahora toma un camino descendente, que va desde la esquina superior derecha a la inferior izquierda. Una parte de la ilustración muestra a dos dioses custodiando el Ojo de Ra. En la edición del libro de Wallace Budge, estos dioses son Thoth y Horus. El disco solar alado también aparece en esta región, al igual que la diosa Maat.

5. Aún en la región de Sokar, el barco de Ra continúa su descenso, esta vez moviéndose diagonalmente hacia abajo desde la esquina superior izquierda a la inferior derecha. El túmulo de Osiris está aquí, vigilado por Isis y Neftis, que están en forma de pájaro como los cometas. Ra se dirige en varias ocasiones a los seres que viven en esta región, pidiendo que se le permita pasar sin ser molestado.

6. Ra cambia a una barcaza que flota en el agua y es remada por un tripulante. Erik Hornung afirma que esta

agua es el agua de Nun.[103] Hay cuatro grupos de seres momificados, y cada grupo representa a los reyes de una dirección cardinal diferente. El cuerpo muerto de Ra está representado por un hombre recostado que sostiene el escarabajo de Khepera sobre su cabeza, rodeado por una enorme serpiente. Según Hornung, es en esta región que el cuerpo muerto del sol es conceptualizado como el cuerpo muerto de Osiris, que aquí se reúne con su *ba*, representado por el escarabajo.

7. La séptima región se llama "Salón de Osiris". Ra es representado una vez más como un hombre con cabeza de carnero con el disco solar entre sus cuernos, pero en lugar del dosel habitual, ahora está cubierto por un arco hecho por la serpiente gigante Mehen. Mehen continuará protegiendo a Ra de esta manera hasta que Ra renazca como Khepera y se levante como el nuevo sol. Isis está de pie en la proa con los brazos extendidos, usando su magia para hacer que el barco se mueva. La serpiente gigante Apofis se muestra derrotada; su cuerpo es atravesado por seis cuchillos, mientras una diosa la estrangula cerca de su cabeza y un dios le ata la cola. También aparece en esta región una forma de Horus, en forma de hombre sentado con cabeza de halcón, sobre la que se encuentra el disco solar al que está sujeto un *ureo*. El trabajo de Horus es hacer que las estrellas se eleven y ver que el tiempo continúe fluyendo. Doce dioses representan las estrellas, mientras que doce diosas representan las horas del día y la noche.

8. En esta región, el poder de Mehen le da a la tripulación que remolca la barcaza la capacidad de progresar a través de las aguas. Hay cuatro carneros representados aquí, cada uno con un tocado diferente.

---

[103] Hornung, *Books of the Afterlife*, 37.

Los carneros representan manifestaciones de Tatanen, el dios del montículo primordial del que surgió la creación. Varias otras deidades están representadas junto con telares y otras cosas necesarias para tejer telas. De estas representaciones del tejido, Erik Hornung observa que "el tema de esta hora es, por tanto, el suministro de ropa, que desde los primeros tiempos representó una alta prioridad entre las cosas deseadas en la otra vida".[104]

9. Una sección de las ilustraciones de esta región muestra a los doce dioses que reman la barcaza de Ra. El otro trabajo que tienen estos dioses es usar sus remos para salpicar agua en la orilla del río para el uso de los espíritus que habitan allí. Ra también promete proporcionar comida y bebida a los seres que viven en esta región. Además de la tripulación de la barcaza, hay doce diosas que cantan alabanzas a Osiris, y doce *ureos* que respiran fuego y usan su poder para proteger a Ra cuando pasa.

10. Ra sigue de pie bajo el arco del cuerpo de Mehen, pero ahora lleva un ankh en su mano derecha, mientras que su izquierda sostiene un bastón en forma de serpiente. Una serie de ilustraciones muestran cuatro dioses sosteniendo lanzas, cuatro flechas y cuatro arcos. La incursión hace que estos dioses destruyan a sus enemigos con sus armas. Los espíritus de los que se han ahogado habitan en las aguas de este lugar; Ra promete que pueden entrar en el paraíso aunque no hayan sido momificados. Es en la décima región donde Ra y Khepera se unen en preparación para el amanecer. Esto está representado en parte por una ilustración de un escarabajo empujando una forma elíptica que representa

---

[104] Hornung, *Books of the Afterlife*, 39.

el horizonte. Thoth, en su manifestación de babuino, sostiene el Ojo de Horus para que pueda ser curado por la diosa Sejmet.

11. El texto de esta región dice que las deidades que viven aquí están guiando al sol hacia el horizonte del este para que pueda levantarse de nuevo. Ra cabalga en su barcaza cubierto por Mehen, pero en otra parte de esta sección, Mehen aparece como una serpiente enormemente larga que es llevada por doce dioses que van a pie. Su trabajo es asegurarse de que Mehen también llegue a salvo al horizonte oriental. Una cuádruple manifestación de la diosa Neit se encuentra aquí, así como una serie de fosas de fuego en las que se consumen los enemigos de Ra. Cada fosa tiene su propia deidad que cuida de las llamas.

12. Después de un largo y peligroso viaje, la barcaza solar de Ra finalmente llega al horizonte oriental. Ra, con cabeza de carnero, está en el centro de la barcaza bajo su toldo Mehen, mientras que Khepera ocupa la proa en forma de escarabajo. Una parte del texto en la traducción de Budge dice: "Entonces este gran dios toma su posición en el Horizonte Oriental del cielo, y Shu lo recibe, y él nace en el Este".[105] Pero antes de que pueda amanecer, la barcaza de Ra tiene que viajar a lo largo de una serpiente gigante llamada Ankhneteru. En esta parte del viaje, la barcaza es remolcada por doce dioses y doce diosas. Las diosas que remolcan la barcaza también tienen el deber de crear brisas en la tierra. Otras doce diosas llevan serpientes que respiran fuego sobre sus hombros. Las serpientes usan su fuego para repeler a los enemigos de Ra, especialmente a la serpiente demonio Apofis. Otros doce dioses cantan

---

[105] Budge, *Am-Tuat*, 258

alabanzas a Ra. La última ilustración muestra una pared curva en el borde derecho del papiro. Esto representa el horizonte. El dios Khepera, en forma de escarabajo, empuja el disco solar a través del centro de la pared. El disco se coloca debajo de la cabeza del dios del aire Shu, cuyos brazos se extienden a lo largo del perímetro interior de la pared. En la parte inferior de la pared hay una momia que representa el cuerpo nocturno de Ra, que ha desechado y que será destruido ahora que ha nacido de nuevo como el sol naciente.

Vea más libros escritos por Matt Clayton

Free Bonus from Captivating History (Available for a Limited time)

Hi History Lovers!

Now you have a chance to join our exclusive history list so you can get your first history ebook for free as well as discounts and a potential to get more history books for free! Simply visit the link below to join.

Captivatinghistory.com/ebook

Also, make sure to follow us on Facebook, Twitter and Youtube by searching for Captivating History.

Bibliografía

Allen, James P. *The Ancient Egyptian Pyramid Texts*. Atlanta: Society of Biblical Literature, 2005.

Bricault, Laurent. *Isis Pelagia: Images, Names and Cults of a Goddess of the Seas*. Trans. Gil H. Renberg. Leiden: Brill, 2020.

Budge, E. A. Wallace. *Osiris and the Egyptian Resurrection*. 2 vols. London: P. L. Warner, [1911].

———. *The Book of Opening the Mouth: The Egyptian Texts with English Translations*. 2 vols. London: Kegan Paul, Trench, Trübner & Co., Ltd., 1909.

———. *The Egyptian Heaven and Hell*. Vol. 1: *The Book Am-Duat*. London: Kegan Paul, Trench, Trübner & Co., Ltd., 1905.

Bunson, Margaret. *Encyclopedia of Ancient Egypt*. Rev. ed. New York: Facts on File, Inc., 2010.

Cary, Henry, trans. *Herodotus*. London: George Bell and Sons, 1901.

Crowley, Aleister. *The Book of Thoth*. Repr. York Beach: Samuel Weiser, Inc., 1995.

David, A. Rosalie. *Discovering Ancient Egypt.* New York: Facts on File, Inc., 1994.

———. *The Ancient Egyptians: Religious Beliefs and Practices.* London: Routledge & Kegan Paul, 1982.

Eddy, Paul Rhodes, and Gregory A. Boyd. *The Jesus Legend: A Case for the Historical Reliability of the Synoptic Jesus Tradition.* Grand Rapids: Baker Academic, 2007.

Ellis, Normandi. *Feasts of Light: Celebrations for the Seasons of Life Based on the Egyptian Goddess Mysteries.* Wheaton: The Theosophical Publishing House, 1999.

Escolano-Poveda, Marina. "Imhotep: A Sage Between Fiction and Reality". American Research Center in Egypt website, accessed 23 June 2020, https://www.arce.org/resource/imhotep-sage-between-fiction-and-reality.

Forty, Jo. *Ancient Egyptian Mythology.* Edison: Chartwell Books, Inc., 1996.

Frankfort, Henri. *Ancient Egyptian Religion.* New York: Harper & Row, 1948.

Frazer, James George. *The Golden Bough: A Study in Magic and Religion,* Part IV, Vol. 2, 3rd ed., *Adonis Attis Osiris.* London: The MacMillan Press, Ltd., 1914.

Graves-Brown, Carolyn. *Dancing for Hathor: Women in Ancient Egypt.* London: Continuum, 2010.

Griffiths, John Gwyn. *The Origins of Osiris and his Cult.* Leiden: Brill, 1980.

Hart, George. *A Dictionary of Egyptian Gods and Goddesses.* London: Routledge, 2000.

Heyob, Sharon Kelly. *The Cult of Isis Among Women in the Graeco-Roman World.* Leiden: E. J. Brill, 1975.

Hollis, Susan Tower. *Five Egyptian Goddesses: Their Possible Beginnings, Actions, and Relationships in the Third Millennium ACE.* n.c.: Bloomsbury Publishing, 2019.

Hornung, Erik. *The Ancient Egyptian Books of the Afterlife.* Trans. David Lorton. Ithaca: Cornell University Press, 1999.

Ikram, Salima. "Protecting Pets and Cleaning Crocodiles: The Animal Mummy Project". In *Divine Creatures: Animal Mummies in Ancient Egypt.* Edited by Salima Ikram, 207-27. Cairo: The American University in Cairo Press, 2005.

Ions, Veronica. *Egyptian Mythology.* New York: Peter Bedrick Books, 1990.

Jackson, Leslie. *Isis: The Eternal Goddess of Egypt and Rome.* London: Avalonia, 2016.

King, C. W., trans. *Plutarch's Morals: Theosophical Essays.* London: George Bell & Sons, 1889.

Kramer, Samuel Noah. *Mythologies of the Ancient World.* Garden City: Doubleday, 1961.

Lesko, Leonard H. "Ancient Egyptian Cosmogonies and Cosmology". In *Religion in Ancient Egypt: Gods, Myths, and Personal Practice,* edited by Byron E. Shafer, 90-121. Ithaca. Cornell University Press, 1991.

Lichtheim, Miriam. *Ancient Egyptian Literature: A Book of Readings.* Vol. 3, *The Late Period.* Berkeley: University of California Press, 1980.

———. *Ancient Egyptian Literature: A Book of Readings.* Vol. 2, *The New Kingdom.* Berkeley: University of California Press, 1976.

———. *Ancient Egyptian Literature: A Book of Readings.* Vol. 1, *The Old and Middle Kingdoms.* Berkeley: University of California Press, 1973.

Maehler, Herwig. "Roman Poets on Egypt". In *Ancient Perspectives on Egypt*, ed. by Roger Matthews and Cornelia Roemer, 203-15. London: UCL Press, 2003.

Mark, Joshua J. "Amun". *Ancient History Encyclopedia*, 29 July 2016, https://www.ancient.eu/amun/.

———. "Isis". *Ancient History Encyclopedia*, 19 February 2016, https://www.ancient.eu/isis/.

Martin, Luther H. *Hellenistic Religions: An Introduction*. New York: Oxford University Press 1987.

McCabe, Elizabeth A. *An Examination of the Isis Cult with Preliminary Exploration into New TestAmónt Studies*. Lanham: University Press of America, Inc., 2008.

Mercer, Samuel A. B. *The Religion of Ancient Egypt*. London: Luzac & Co., Ltd., 1949.

Meyer, Marvin W., ed. *The Ancient Mysteries: A Sourcebook*. San Francisco: Harper & Row, 1987.

Mosjov, Bojana. *Osiris: Death and Afterlife of a God*. Malden: Blackwell Publishing, 2005.

Myśliwiec, Karol. *Eros on the Nile*. Trans. Geoffrey L. Packer. Ithaca: Cornell University Press, 1998.

Piankoff, Alexandre, trans., and Natacha Rambova, ed. *Mythological Papyri: Texts*. New York: Pantheon Books, 1957.

Pinch, Geraldine. *A Handbook of Egyptian Mythology*. Santa Barbara: ABC-CLIO, 2002.

———. *Magic in Ancient Egypt*. London: British Museum Press, 1994.

Quirke, Stephen. *Exploring Religion in Ancient Egypt*. Chichester: John Wiley & Sons, Ltd., 2010.

Regula, de Traci. *The Mysteries of Isis: Her Worship and Magick*. St. Paul: Llewellyn Publications, 2001.

Remler, Pat. *Egyptian Mythology A to Z*. 3rd ed. New York: Chelsea House, 2010.

Roth, Ann Macy. "Fingers, Stars, and the 'Opening of the Mouth': The Nature and Function of the *ntrwj*-Blades". *Journal of Egyptian Archaeology* 79 (1993): 57-79.

Simpson, William Kelley, ed. *The Literature of Ancient Egypt: An Anthology of Stories, Instructions, Stelae, Autobiographies, and Poetry*. New Haven: Yale University Press, 2003.

Smith, Mark. *Following Osiris: Perspectives on the Osirian Afterlife from Four Millennia*. Oxford: Oxford University Press, 2017.

Smith, Martyn. *Religion, Culture, and Sacred Space*. New York: Palgrave MacMillan, 2008.

Spence, Lewis. *Myths and Legends of Ancient Egypt* (Boston: David D. Nickerson & Co., [1915]).

Tacitus, Cornelius. *The Works of Tacitus: The Oxford Translation, Revised*. Vol. 2: *The History, Germany, Agricola, and Dialogue on Orations*. New York: Harper & Brothers, Publishers, 1858.

Takács, Sarolta A. *Isis and Sarapis in the Roman World*. Leiden: E. J. Brill, 1995.

Tobin, Vincent Arieh. "Isis and Demeter: Symbols of Divine Motherhood". *Journal of the American Research Center in Egypt* 28 (1991): 187-200.

Traunecker, Claude. *The Gods of Egypt*. Trans. David Lorton. Ithaca: Cornell University Press, 2001.

Tripolitis, Antonía. *Religions of the Hellenistic-Roman Age*. Grand Rapids: William B. Eerdmans Publishing Company, 2002.

Van Der Toorn, Karel, et al., eds. *Dictionary of Deities and Demons in the Bible*. 2nd ed. Leiden: Brill, 1999.

Watterson, Barbara. *The Gods of Ancient Egypt*. New York: Facts on File, Inc., 1984.

White, J. E. Manchip. *Ancient Egypt: Its Culture and History*. New York: Dover Publications, 1970.

Wildung, Dietrich. *Egyptian Saints: Deification in Pharaonic Egypt*. New York: New York University Press, 1977.

Witt, R. E. *Isis in the Ancient World*. Baltimore: Johns Hopkins University Press, 1971.

Barker, William Henry, y Cecilia Sinclair. *West African Folk-Tales*. Londres: G. G. Harrap & Company, 1917 *(en inglés)*.

Bishop, Herbert L. "A Selection of SiRonga Folklore". *South African Journal of Science* 19 (1922): 383-400 *(en inglés)*.

Callaway, Henry. *Nursery Tales, Traditions, and Histories of the Zulus, in their own Words*. Springvale, Natal: J. A. Blair, 1868 *(en inglés)*.

Ceni, A. *African Folktales*. Traducción de Elizabeth Leister. n. c.: Barnes & Noble, Inc., 1998 *(en inglés)*.

Chatelain, Heli. *Folk-Tales of Angola*. Boston: Houghton Mifflin, 1894 *(en inglés)*.

Cole, Joanna. *Best-Loved Folktales of the World*. Garden City: Doubleday & Company, 1982 *(en inglés)*.

Courlander, Harold. *The Hat-Shaking Dance and Other Ashanti Tales from Ghana*. Nueva York: Harcourt, Brace & World, Inc., 1957 *(en inglés)*.

Dennett, R. E. *Notes on the Folklore of the Fjort (French Congo)*. Publications of the Folk-Lore Society, vol. 41. Londres: David Nutt, 1898 *(en inglés)*.

Garner, Alan. *The Guizer: A Book of Fools*. Nueva York: Greenwillow Books, 1976 *(en inglés)*.

Lang, Andrew, ed. *The Grey Fairy Book*. Londres: Longmans, Green, and Co., 1905 *(en inglés)*.

Lester, Julius. *How Many Spots Does a Leopard Have? and Other Tales*. Nueva York: Scholastic, Inc., 1989 *(en inglés)*.

——. *Black Folktales*. New York: Richard W. Baron, 1969.

Littman, Enno. *Publications of the Princeton Expedition to Abyssinia*. Vol. 2. Leyden: E. J. Brill, 1910 *(en inglés)*.

Lynch, Patricia Ann. *African Mythology A to Z*. Nueva York: Facts on File, Inc., 2004 *(en inglés)*.

Mayo, Isa Fyvie. *Old Stories and Sayings of the Continent of Africa*. Londres: C. W. Daniel, n.d. *(en inglés)*.

Radin, Paul, ed. *African Folktales*. Princeton: Princeton University Press, 1970. *(en inglés)*

Riley, Dorothy Winbush. *The Complete Kwanzaa: Celebrating our Cultural Harvest*. Nueva York: HarperPerennial, 1995 *(en inglés)*.

Scheub, Harold. *African Tales*. Madison: University of Wisconsin Press, 2005. *(en inglés)*

Stumme, Hans. *Märchen und Gedichte aus der Stadt Tripolis in Nordafrika*. Leipzig: J. C. Hinrichs'sche Buchhandlung, 1898 *(en inglés)*.

Theall, George McCall. *Kaffir Folk-Lore*. London: Swan Sonnenschein, Le Bas & Lowrey, 1886 *(en inglés)*.

Tremearne, A. J. N. *Hausa Superstitions and Customs: An Introduction to the Folk-Lore and the Folk*. Londres: J. Bale, Sons & Danielson, Ltd., 1913 *(en inglés)*.

Tyler, Josiah. *Forty Years Among the Zulus.* Boston: Congregational Sunday-School and Pub. Society, 1891 *(en inglés).*

www.ingramcontent.com/pod-product-compliance
Lightning Source LLC
Chambersburg PA
CBHW030113240426
43673CB00002B/61